丸山俊一＋
ＮＨＫ「欲望の民主主義」
制作班

# 欲望の民主主義

分断を越える哲学

幻冬舎新書
487

# はじめに
# 「万人の万人に対する闘争」が蘇る時

かつてある人が言った。この世は、「万人の万人に対する闘争」だと。

歴史に名を刻むイギリスの哲学者、トマス・ホッブズの言葉だ。社会科の時間に出会った時は、遠い時代の話のように思えた。だが、今、その言葉が、生々しく響いてくる。

世界中にさまざまな分断、格差の嵐が吹き荒れ、テロが報道されない日はないほどだ。先が読めない、予断を許さない、緊張を孕《はら》んだ時代の到来。21世紀の高度に文明化されたはずの世の中に、17世紀、中世の戦乱時代の言葉が説得力を持って蘇るとは、誰が予想しただろう。

ホッブズが著した『リヴァイアサン』。「万人の万人に対する闘争」を回避する唯一の方法として、旧約聖書に登場する海の怪物に国家主権の絶対性を象徴させたものだ。生き延びるためには、自らの欲望を制御し、「リヴァイアサン」を恐れ、畏怖せよ。社会の安定を保つために、人々はみな国家と契約を結ぶ。このホッブズの言葉から、主権国家のあり方が位置づけられ、その後ジョン・ロック、ジャン＝ジャック・ルソーらの思索へと受け継がれることで、近代国家を支える理論の基礎が築かれていったことは、政治思想史の教えるところだ。そしてその近代国家には、いつも民主主義という理念が中心にあった、はずだった……。

民主主義とは何か？　この素朴にして、手あかがついたように思われる問いを、世界の知性たちに投げかけることの必要性が、今浮かび上がる。そしてそれは、とりもなおさず、主権とは何か？　自由とは何か？　と、次々に極めて原初的な概念の意味するところを掘り起こす問いを惹起《じやつき》しないわけにはいかない。その先には、すべての人々が自由を愛して生きることは実現できるのか？　という問いにまで繋がっていくはずだ。いささか、飛躍があるように思われるだろうか？　だが、今「民主主義」について考えることと、さまざまな個性を持って生まれた人々が、それぞれその本性を解放し、伸びやかに生きていく方法を考えることは、かなり近い距離にあることのように思う。

本書は、NHK・BS1スペシャル「欲望の民主主義～世界の景色が変わる時～」で世界の知性たちに、この素朴かつ本質的な問いを行った記録である。2016年から2017年にかけて、イギリスのEU離脱、アメリカのトランプ大統領の誕生、フランスの急進的な右翼の台頭、そして世界で頻発するテロ……と大きく揺れ、激しく変化する世界の中で、言葉の真の定義において、ラディカル＝原初的に考えてみた、思考の軌跡でもある。本書では、そのインタビューの中から、6人の言葉を抜き出し、再構成した。

Ⅰでは、揺れる現状をまず押さえるべく、冷静な分析で定評ある政治学者に、アメリカをはじめとする国々でいかに静かに民主主義への熱意が薄れていったのか？　を明らかにしてもらった。世界の民主主義に何が起きているのか？　今後予想されるシナリオを聞く。

続いてⅡでは、社会心理、精神分析などの分野からアプローチする。今、人々の心の底に蠢《うごめ》く想いを解き明かす。破壊衝動、ネット社会が生んだねじれた心情、そして、居場所の問題……。「ただすべてを焼き尽くしたかった」と刺激的な言葉も漏れる中、幸福へのレシピはどこにあるのか？　を考えた。

Ⅲは、現在の民主主義をめぐる状況に忸怩《じくじ》たる思いを持つ、フランスの二人の重鎮たる知性が登場する。自身が若き日に社会運動へと参加した際の証言も含め、あの「五月革命」がどんな歴史的な屈折をもたらしたのか？　歴史の皮肉なめぐり合わせを語ってもらった。

そして最後Ⅳでは、新世代の哲学界の旗手が答える。そもそも、私たちはいったい何を民主主義に期待しているのだろうか？　今、どんなスタンスで社会と向き合っていけばよいのか？　新鮮な答えが示される。インタビューの際、あえてホッブズ、ルソーら、古典的な思想家たちの名前を挙げ、その理念をぶつけてみたことも、この企画のもう一つの醍醐味となっている。

「社会契約」「一般意志」という民主主義の欠くべからざる基礎概念を生んだ彼らの思想は、民主主義の危機と言われる時代にどう評価されるべきなのか？　原点に学ぶヒントはあるのか？を問うてみた。

時代が大きな曲がり角にさしかかる中、学問の枠組み、知性の定義すら更新されようとしている。人間の心の問題、そして社会のありようについて根源的なところから問いかけ、考え直す勇気を持たなければ、この時代の危機には立ち向かえない。

本書は、今生まれつつある事態に、右と左でもなく、上と下でもない、新たな補助線を引くことで、分断の構図を解体し、議論の土俵そのものを問い直す試みだ。往々にして変化のスピードの速さと共に、極端から極端へと言論が振れやすい時代だからこそ、その狭間で、じっくり考えることの意義は大きいはずだ。結果、社会の奥底にある人間の欲望の姿、欲動の集合体の形を読み解いていくことにもなるだろう。

実際の取材時期は、２０１６年３月。トランプ大統領が誕生し揺れるアメリカ、大統領選を控え混迷するフランスを舞台とするジャーナルな記録でもあるが、発言は、ほぼ当時のままを再構成したものだ。社会の、現象の深層を考察しようとする言葉は、古びることがない。

「民主主義」の更新。

さまざまな言葉が、とりもなおさず、あなた自身の世界の見え方を少し変える、冒険の入り口となれば幸いだ。そしてその思考の旅は、新たな次元への扉を開くことにもなるだろう。

共に思考の旅に出よう。

欲望の民主主義／目次

DTP　美創

# Ⅰ 迷走する「民主主義」

——世界を覆う分断

# 三つのシナリオの先に

ヤシャ・モンク
Yascha Mounk

政治学者（アメリカ）
ハーバード大学講師
新アメリカ政治改革プログラム研究員
1982年生まれ

専門は、政治理論。ジャーナルな記事、論文で、世界に広がるポピュリズムの現状などをリポートし続ける。以前から、世界各国が抱える課題として「拡大する経済格差」「社会的流動性の低下」そして「中間層の生活レベルの低下」を指摘。現在の混迷する政治状況を、冷静に俯瞰《ふかん》して語る。

## 失われた民主主義への熱意

アメリカとフランスの大統領選挙に関して、さまざまな意見が飛び交っています。そんな状況で、あらためて民主主義について考える時、まずアメリカの民主主義が直面している問題を整理していきましょう。問題は大きく分けて、二つあります。

一つ目は、人々がかつてのように民主主義に対して熱意を持っていないことです。昔と違い、民主主義の下で暮らすことが重視されなくなってきています。人々は独裁的な民主主義に対して以前より抵抗がなくなっているのです。これについては、選挙や議会を気にする必要のない強い指導者の登場が証明していますし、さらには軍による支配といった過激な選択肢まで、人々が選びかねない状況に表れています。

二つ目の問題は、一つ目の問題の結果として、人々が民主主義の基本的な規範を大切にしない大統領を選んだということです。ホワイトハウスから平気で嘘を発信し、政敵に濡れ衣を着せるような大統領です。これは非常に危険なことです。なぜなら、民主主義に必要なのは憲法や法律だけではないからです。民主主義を大切にし、民主主義のルールを守る政治家と人々が必要なのです。

まず、一つ目の問題、以前ほど人々が民主主義を大切にしていないことについてお話ししましょう。民主主義の軽視、その原因は、長年の社会構造の変化にあります。

民主主義の社会的、政治的な前提条件が変わってきたのです。例えば、かつては人々の生活水準は急速に向上していきました。世代交代のたびにね。アメリカでは、1945年から1960年で平均的な国民の生活水準は2倍に向上しました。1960年から1985年でさらに2倍になりました。でも1985年からは横ばいです。

日本でも同様です。70年代、80年代、90年代初めまでは生活水準がものすごい勢いで向上しました。しかしその後、ほとんどの日本人の生活水準は伸び悩んでいます。このような状況において は、民主主義に対する人々の考え方が変わってきます。

その背景をもう少し丁寧に考えてみましょう。人々が民主主義を好むのは、人民による政治や国民の平等といった民主主義の理念を信じているからという理由だけではなかったのです。人々が民主主義を好むのは、そこから得るものがあるから、民主主義によって生活が豊かになり、明るい未来を描けるからです。その恩恵が受けられなくなると、人々は民主主義に対して批判的になっていきます。そのために昔に比べて政治システムが不安定になっているのです。

## 少数派が多数派になる大きな変化は静かに進行した

こうした変化は、長いプロセスを経た上で起きたことです。私たちは民主主義を安定させるための前提条件が徐々に失われていることに注意を払ってこなかったのですね。当初は、政治的な影響は特に大きくありませんでした。特定のポピュリストの発言力が徐々に大きくなり、政治システムに不満を持つ人が少しずつ増えるなど、非常にゆっくりとした変化に表れてはいたのですが、皆、大したことはないと高をくくっていたのかもしれません。

しかし、ここ2年間で、これまでゆっくり進んできた変化がついに白日の下にさらされることになりました。イギリスのEU離脱を問う国民投票とアメリカ大統領選という二つの大きな出来事をきっかけとして政治への影響が表面化したのです。ドナルド・トランプが予期せずアメリカ大統領になったことで、一見すると変化が突然訪れたように感じます。しかし、実際は長期にわたるゆっくりとした変化の結果なのです。

この事態にすら、どこかに決定的なタイミングがあったとは思いません。安定した民主主義の前提条件の変化が、ある閾値を超えたのだと思います。変化がゆっくりと進む中で、それまでは少数派だった人々が多数派になって選挙に勝つまでになっていたということなのです。

例えば得票率が20%程度だった候補者が25%の票を獲得するようになってきても、私たちは「政治システムは安定しているし、急激な変化など起きない」と考えがちでした。ところが、突然、そうした人が選挙で勝てるほどの票を獲得するようになって事態の大きさに気が付きます。選挙の結果だけを見ると、急激な変化に見えますが、ある日、堤防を越えて水が氾濫するように……、それまで少数派だった人たちが多数派になり、急に政治力を持つという現象は、長い水面下の変化の後、選挙の結果という現象として、ある日突然にやってきます。

## ポピュリストは敵を外部につくり、政治をシンプルに見せる

トランプ大統領は人々の不満を利用するポピュリストだとよく言われますが、たしかにアメリカにおけるポピュリズムの台頭は、注視すべきものです。

ポピュリズムには二つの基本的な要素があります。一つ目に、ポピュリストは常に「政治はシンプルだ」と主張します。政治にまつわる問題はすべて、自ら問題を引き起こす腐敗したエスタブリッシュメントか、あるいは民族的、宗教的な少数派のせいにします。そして大衆に迎合します。そのため、ポピュリストは人々が信じていることを純粋にそのまま発言するのです。当選するためにね。そして、誰でも知っているようなありきたりな解決策を表明します。非常にシンプルな対策、それで万事うまくいくというわけです。トランプ大統領にもこの要素が見られます。トランプ氏は、犯罪者のヒラリー・クリントンは刑務所に入るべきだと言ったり、バラク・オバマ前大統領はＩＳの創設者だと言ったり、非常にシンプルな表現で政治的エスタブリッシュメントが腐敗しているというメッセージを伝えています。

打ち出す対策もまた、非常にシンプルです。アメリカには複雑な移民問題がありますが、どう解決するかといえば「壁をつくればいい、これで一件落着だ」と言うのです。

二つ目は、「政治はシンプルだ。どんな問題でも解決できる」という理論を掲げている人が権力を握っても、問題を解決できないということです。戦争をしても、急にアメリカが再び正義になるわけではありません。関税を課してもアメリカの景気が急に良くなるわけではありません。

そこでポピュリストがどうするかといえば、すべてを外部のせいにします。報道機関や裁判所のせいだというわけです。ポピュリストは独裁的になりがちなものの、トランプ氏は独裁者になろうとしているわけではありませんが、自身の政治観の論理に従えば、おのずとその方向に向かってしまいます。トランプ氏は自分以外の誰もアメリカ国民の正当な代表者と認めず、政治的な失敗はすべて「アメリカの敵」のせいにします。例えば自分の政策に介入する裁判所なども「アメリカの敵」なのです、彼の定義によれば。

## アメリカ人には誰が含まれているのか？

私はポピュリズムというもの自体に、決して反対しているわけではありません。人々を純粋な方法で利用することで、シンプルな解決策にばかり走るようになる状況を警戒しているのです。

そこには、考えなければならない、二つのポイントがあります。

一つ目は、「アメリカ人には誰が含まれるのか?」ということです。ポピュリストの多くは、実際にその国に住んでいる国民の一部を除外する傾向があります。トランプ氏も、イスラム系やラテン系のアメリカ人を除外しています。欧州のポピュリストもトルコやモロッコ、バングラデシュからの移民に対して同じことをしているのです。

二つ目は、一つ目と同様に重要なことですが、チェック・アンド・バランスの問題、三権分立の問題です。民主主義では、大統領や首相だけでなく、裁判所や反対勢力も必要ですし、それもまた国民の正当な代弁者です。しかし、ポピュリストはその点を決して認めようとしません。トランプ氏が多くの国からの移民を入国禁止にする大統領令に署名した時、裁判所は大統領令を差し止めました。裁判所の解釈では憲法に違反していたからです。

裁判所の判断に賛否があることは問題ありません。ただし、民主主義のルールの一環として、裁判所には法律が憲法に違反していないかをチェックする権利があることについては認めなければなりません。でも、トランプ氏はそれをも否定しました。ツイッターで、大統領令に反対した判事を「判事とやら」と呼び、ニセモノだと非難しました。

トランプ氏に批判的な報道機関についても、「アメリカの敵」とツイートしています。たとえアメリカで生まれ育った、文句のつけようがないアメリカ人のジャーナリストでも、トランプ氏を批判すれば、あっという間に「アメリカの敵」と認定され、アメリカ人ではなくなってしまうのです。これこそが、ポピュリズムの論理が孕む危険性です。

## 「内向き」になるアメリカのジレンマ

アメリカは内向きになっています。大変残念なことですが。

「リベラルな国際秩序」という非常に複雑で曖昧だけれども重要な言葉があります。過去60年間、この秩序の下で国際関係が築かれてきました。リベラルな国際秩序はアメリカがリーダーシップを発揮し、世界に大きく関与することで成り立つものです。それはアメリカがアジア、日本、欧州、私の故郷ドイツ、その他多くの国に軍隊を派遣することを意味します。さらに、国連や世界銀行などの機関に対しアメリカが多大な資金をたびたび拠出することでもあります。

リベラルな国際秩序には、平和、自由貿易、アジアや欧州の同盟国との連携といった、数々の長期的なメリットがあります。アメリカの国益になることですし、同盟国の国益にもかなっています。ですから、このシステムは維持すべきです。しかし、同時にその恩恵は複雑でわかりにくいものなのです。

「なぜ国連に大金を拠出しなければならないのか。国内にも問題があるのに。そのカネを国内の問題解決のために回すべきだ」と言う方が簡単です。ですから、アメリカが国際秩序への貢献を続けるべきだと国民に納得してもらうのはとても難しいことです。しかし、長期的に見れば、国際秩序を維持するための関与を止めることはアメリカにとって大きな損失となることは明らかです。政治的な面だけでなく、アメリカ国民全体にとっての損失です。でも短期的に見ると、「国連拠出金や開発援助を削減しよう」とか「軍隊を引き揚げよう。日本に軍隊を置いて何になる？　日本のことなどどうでもいいじゃないか」と言う方が国民に受け入れられやすいのです。それが、今アメリカにある大きなリスクだと思います。過去の60年間、アメリカは世界に貢献してきたけれども、だんだん貢献しない方向に向かっていると言わざるを得ません。

## アメリカは独立の時から不安定だった

もっと昔まで遡りましょう。欧州から戦争を避けてやってきた人々がアメリカを建国し、18世紀に独立しましたね。アメリカは大きく発展し、現在、世界の警察としての役割を果たすようになりました。アメリカは最強の国だとずっと自負してきたわけですが、実は、不安定な要素を独立当初から抱えていたとも言えます。

たしかに、どの国も多くの問題を抱えています。アメリカも同様に常に多くの問題を抱えてきました。当初は奴隷制度という道徳的な汚点もありましたし、独立前にも問題がありました。アメリカ大陸は無人で誰でも開拓できるという触れ込みだったのに先住民が暮らしていて、先住民は酷《ひど》い扱いを受けました。もちろん、それは複雑な問題です。国内の問題が国際的な行動に影響を及ぼすこともあります。アメリカの外交政策が完全に間違っていたこともありますし、その失敗が国内の問題に起因していたこともあります。それは他の国でも同様です。

日本では過去50〜60年の間、民主主義が非常にうまく機能してきました。体制は安定し、高度経済成長も果たしました。でも日本もまた、自国の過去の過ちや道徳的な汚点ともっと向き合うべきかもしれません。問題なのは、過去に過ちを犯してきた不完全な国同士が過去の確執や衝突を越えて、政治的な秩序をどのようにつくっていくかということです。

アメリカは昨今の状況にかかわらず、重要な役割を果たすべきだと思います。今、人々はシンプルな問題に直面しています。アメリカ、アジアの日本、インド、欧州のドイツ、フランスが主導する世界と、中国、イラン、ロシアによる新しい国際秩序の下の世界のどちらが良いかという問題です。最初の世界の方がずっと良いのは明らかです。日本、アメリカ、ドイツ、フランスにとってだけではなく、アフリカや南米、アジアの諸国にとっても好ましいことだと、私は思います。

## グローバリゼーションから撤退するのではなく、その衝撃を緩和する

今という時代は、どこの国も多くの問題を抱えていますね。その根源にある大きな原因は、やはり経済のグローバル化でしょう。グローバリゼーションによって世界は大きく変わりました。中国では25年間で数億人が貧困から抜け出すことができました。日本でも何世代か前に起こったことです。韓国も同様です。世界の多くの国々で同じことが起きました。

しかし、日本、アメリカ、フランスなどの先進国では、グローバリゼーションによって多くの人が生活水準の低迷などの打撃を受けました。世界の所得分配を見ると、西欧、北米、日本などの先進国で、90%を占める中間層の生活水準がここ20〜25年間、低迷しています。そのため、こうした国々の人々は怒っています。無理もないことです。

また、かつては単一民族で単一文化だった国々、誰もが同じ民族で同じ文化を共有している状態だった国々が、グローバルな移民問題に直面しています。その対策は国によって異なります。日本は、移民をあまり受け入れない代わりに人口が急激に減少する道を選択しました。そのため、欧米では見られない不況などの問題が生じています。

フランスは別の道を選択しました。多くの移民を受け入れることです。移民が増えすぎて、「フランスはもうフランスではなくなってしまった。移民の受け入れをやめろ」と言う人も大勢います。ここにフランスの大きな課題があります。高い失業率、中流階級の生活水準の低迷、

大量の移民などです。でもこうした問題はまだ現実として受け止められていません。多くの人は怒っていて、マリーヌ・ルペン氏のようなポピュリストに投票しています。ルペン氏はトランプ氏と多くの共通点があります。これは民主主義の存続にとって危険なことかもしれません。問題の解決策は、民主主義からの撤退ではなく、グローバリゼーションからの撤退でもありません。民主主義を再活性化し、グローバリゼーションによる衝撃を緩和する新しい政策を採択することです。そうしてグローバリゼーションが国内にもたらす影響に対応するのです。それが今やるべきことです。

繰り返します。グローバリゼーションを放棄するのではなく、その影響を緩和するんですね。

## グローバリゼーション、国家、民主主義を同時に成立させることは可能か?

グローバリゼーション、国家、民主主義の最適なバランスは、本当に、大事な問題です。

経済学者のダニ・ロドリック氏は、その三つのトリレンマ(三者一択の窮地)について語っています。グローバリゼーション、国家、民主主義……、この三つのうちの二つの組み合わせのみしか選べないというものです。国家と民主主義を選ぶとグローバリゼーションは選べず、グローバリゼーションと国家を選べば民主主義を選べない、というようにね。でも私たちはロドリック氏の説が間違っていることを証明しなければなりません。この問題についてロドリック氏は鋭い考察をしていますが、その答えは三つすべてをいかに同時に成立させるかというものでなくてはなりません。

グローバリゼーションから逃れる方法はありません。私たちはすでにグローバル化された世界に住んでいます。ここでグローバリゼーションへの道を閉ざしたら、大量の失業者が生まれ、大きな経済危機が起こるでしょう。民主主義も必要です。規範的に正しいからです。人々は政治に対して意見を言いたいのです。国家も必要です。国家の枠組みを越える試みもありましたが、結果的に人々が実際に国家というものを大切にしていることがわかりました。国家は自然発生したものではなく歴史的につくられた政治的なアイデンティティで、人々にとって非常に重要なものなので欠くことができません。

そこで、グローバリゼーション時代において、国家が経済の命運をコントロールする力を強化する必要があると思います。それは可能です。例えば、タックスヘイブン（租税回避地）をなくすことができます。本社をどこに置いているかにかかわらず、商品を販売する国で納税しなければならないと決めればいいのです。このように、グローバリゼーション、国家、民主主義の三つを今よりもずっとうまく調和させる方法はいろいろあると思います。このような解決策を探るべきだと思います。

日本ではどうかわかりませんが、多くの国では一定の期間を国外で暮らせば、税金を払わなくてよいことになっています。そこで、年間180日をバハマなど所得税のかからない国に滞在して、税金逃れをする人たちがいます。それを阻止することが可能だ、ということです。ですから例えば日本の国民がバハマのビーチで年間180日過ごすのは勝手ですが、日本国民であり、日本へのアクセスを維持したいなら、日本で税金を納める義務がある、ということになります。それが、グローバリゼーションの時代において国家が力を強める方法の一つです。

## 資本主義と民主主義の二人三脚が崩れる時

資本主義と民主主義は切っても切れない関係だったはずが、今や、だんだん疑わしいものになってきてしまいました。

アメリカの資本主義と民主主義は、どちらも望ましいものだと思います。そして両立できるとも思います。しかし、どちらかがどちらかに食われる危険性が常にあります。経済格差が非常に大きい場合、貧しい大衆が「市場や資本主義なんて必要ない、企業からおカネを取り上げて再配分すればいい」と言い出しやすくなります。そうなると共産主義になってしまい、機能しません。

その一方で、富裕層が力を持ちすぎて、一般の人々の利益やニーズ、意見などに政策が対応できなくなる可能性があります。一般の人々が政治システムから置き去りにされてしまい、市場経済の恩恵を受けられなくなる可能性があります。国全体としては豊かでも、多くの人が貧しいままというのも問題です。ですから、資本主義と民主主義のバランスを取ることが重要です。

資本主義だけではシステムは機能しません。民主主義だけでもシステムは機能しません。その二つが両立するシステムを築く必要があります。民主主義が資本主義を制御するツールとしての役割を果たすようなシステムです。おカネがビジネスに回るような政策を策定し、力のある富裕層が政治を牛耳ることがないようにして、一般市民に対応する政策がきちんと採られるようにしなければなりません。それが課題です。

戦後の秩序において、そのシステムはかなり効果的に機能してきました。経済大国となった日本や西欧でうまくいきましたし、北米でもそうです。アメリカでは若干、民主主義よりも資本主義に傾いていたかもしれませんが、ある程度機能していました。ただ、過去50～60年間は一般の人々の生活水準の急速な向上や、各国の経済成長がありました。今危険なのは、資本主義が強くなりすぎてバランスが崩れることです。そうなると、怒りの反乱が起こるでしょう。

アメリカの現状は複雑です。なぜなら、一方では極右の共和党員の超資本主義的なイデオロギーがあります。国家は国民に対して何の義務も負わないと主張するリバタリアンもいます。政治思想家ではなく実際の政治家である連邦議会議員の中には、富裕層や大企業に大きなプレゼントをすることだけを目的にしている人もいます。貧しい人たちの税率を上げる一方で、法人税や富裕層の税率を下げようとする人たちです。そういう意味では、超資本主義がいよいよ優勢になる危険性もあります。

同時に、ポピュリストがそれに対する反乱を起こし始めています。右派ではトランプ氏の発言にその兆しが現れています。今のところ行動は起きていませんが。左派では、極左の一部と民主党員の一部にその兆候も見られます。こうして民主主義が徐々に優勢になり、資本主義とのバランスをある意味取り戻す方向に動くでしょう。

## トクヴィルが発見した「アメリカの民主主義」の可能性

19世紀フランスの政治思想家アレクシ・ド・トクヴィルはアメリカを訪れ、『アメリカのデモクラシー』を著したことで有名です。当時、トクヴィルがアメリカを訪問して感銘を受けたことの一つは、日常的な民主主義のあり方でした。市民がお互いを平等に扱い、町や地域の市民生活に積極的に関わり、タウンホールで政治的な議論を行っていました。道路をどこにつくるか、町を今後どのようにしていくかなど、さまざまなことの決定に市民が大きく関与していたのです。現在ではそうした民主主義の多くが失われています。今では多くの人にとって民主主義とは4年に一度の選挙に行くことか、フェイスブックに意見を投稿することぐらいになってしまっているのです。

独立した共和国の一員であることや、民主主義の下で生きることに対して19世紀のアメリカ人が抱いていた誇りも大分失われました。その誇りを取り戻すべきだと思います。人々が政治にもっと関わるようになり、自分たちの政治制度を再び誇りに思うようにするにはどうすればいいかを考える必要があります。人々に民主主義の大切さを教え、民主主義がなぜ個人の自由に必要なのか知ってもらうにはどうすべきかを、きちんと考えなくてはなりません。

政治哲学者のアイザイア・バーリンが『ハリネズミと狐―「戦争と平和」の歴史哲学』で、面白いことを言っていますよね。ハリネズミは一つのことしか知りません。ハリネズミは体を丸めて身を守ることだけしか知らない動物です。でも狐は賢い動物でいろいろなことを知っています。政治思想家もハリネズミタイプと狐タイプに分類することができます。

トクヴィルは狐タイプで、いろいろなことを知っていました。トクヴィルはアメリカに来て興味深いことをたくさん観察し、私たちはそこからさまざまなことを学んだと言えるでしょう。その考察から何か一つだけを取り出して今に生かすことはできないと思います。トクヴィルの本は、アメリカや世界で民主主義がどのように機能していたかを学ぶのにとても役立つことでしょう。

しかし今、トクヴィルが発見した、アメリカの民主主義の最も良質な部分が危険にさらされているのです。19世紀はタウンホールに集って意思決定をする政治団体も活発でしたが、その他の市民団体の活動も盛んでした。禁酒運動や退役軍人の運動などさまざまな活動を行うたくさんの団体がありました。そうした市民団体が政治的な決断を下し、組織化し、選挙を行っていました。こうした市民団体は政府を動かす力を持っていました。市民活動によって組織化する経験を積んだ市民が専制政治に立ち向かう力を持っていることを政府は理解していました。

しかし、今では、このような中間共同体の多くは失われています。人々は政治にも、市民活動にもあまり関わらなくなっています。政治家は中間共同体に語りかけて支持を得る代わりに、人々に直接語りかけることができます。トランプ氏はこうした団体に話をしに行く代わりに何百万人ものフォロワーにツイートしています。民主主義体制の一環である中間共同体を避けているのです。

これは、危険な兆候の一つだと思います。私たちが民主主義を強化しなければならない理由の一つです。正しい政策を模索するだけでなく、人々が民主主義という政治システムの大切さと、同時にある脆さを理解するようにしなければなりません。民主主義を守るためには努力する必要があるのです。

## 大衆と大統領が直接繋がることが意味するもの

例えば、トランプ大統領はよく意図的にＳＮＳによるメッセージを利用します。ツイートすること自体が危険なのではありません。しかし、トランプ氏のツイートの仕方には二つの危険性があります。

一つ目はトランプ氏がよく嘘をつくことです。二つ目は、報道機関をまったく通さないことです。これまでは、大統領候補が嘘をつけば、報道機関はその発言を報道しないか、報道する際にはその発言がなぜ嘘なのかという説明をつけていました。人々に直接語りかける場合はこうはいきません。独裁的な政治リーダーはよく人々に直接語りたがります。たくさんの中間的な組織や反対勢力をひっくるめて民主主義だということを認めず、一人の政治的リーダーがトップにいて、底辺の大衆と直接繋がる構図を求めます。

その時こそ、やはり市民参加の活発化はたしかに必要だと思います。政治だけでなく、地域社会や幅広い政治的・社会的問題への関わりも増やしていくべきだと思います。特にアメリカでは、このような市民参加がかなり失われていますが、他の民主主義国でも同様の問題が起きています。危険な傾向だと思います。

## 「最大多数」が衆愚政治を招かないために

歴史上「功利主義」という概念がありました。その思想を支えた一人、ジェレミー・ベンサムは「最大多数の最大幸福」という言葉を残しています。また、ベンサムの思想を発展させたジョン・スチュアート・ミルは、少数派が多数派に抑圧されることを憂慮していました。民主主義が衆愚政治に陥らないためにはどうしたらよいのか？　ベンサムもミルも、衆愚政治を警戒していました。彼らは「最大多数の最大幸福は衆愚政治によりもたらされる」とは言っていませんからね。その点では、ベンサムもミルも、ある意味同じスタンスで社会を見ていたのです。

民主主義の問題の一つは衆愚政治の危険性があることです。「多数者の専制」の危険性です。すなわち、多数派が残りの人に意見を押し付けることです。アメリカ憲法をつくった建国の父らは、この危険性を十分承知していました。アメリカを建国する際、それまでの自治の試みはすべて失敗しており、アメリカでも失敗する可能性があることを知っていました。そのため、重要とされていたことが二つありました。

一つ目はチェック・アンド・バランスのシステムをつくることです。独立した裁判所、自由な報道機関、大統領、上院、下院があり、大多数の賛成がないと改正できない憲法がある体制です。このようなシステムをつくったのはまさに、多数者の専制や衆愚政治に陥る可能性を恐れていたからです。

建国の父らが行ったもう一つは、民主主義の価値や、人々が政治システムの規範の重要性を認めることがいかに大切かについて、語り合うことです。民主主義は憲法がありさえすれば成立するものではなく、人々が大切に守っていくことが必要だと、彼らにはわかっていたのです。人々は今でも憲法を好ましく思っているし、基本的な体制も変わっていませんが、民主主義の精神や民主主義を信じる心、民主主義の規範に対する理解は、かなり失われてしまいました。ですから、私たちはかつてない状況に置かれています。アメリカ人が民主主義体制をここまで大切にせず、批判的だったことはかつてありません。これが多数者による専制の危険性に繋がると私は考えています。

## アメリカがたどるかもしれない、崩壊した共和制ローマの歴史

では、アメリカの未来は?

過去250年間、アメリカは豊かで安定していました。簡単なのは、今後もそれが続くと予想することです。でも、現在は過去とはかなり状況が異なっています。建国の父らは、アメリカが不安定になるリスクが実際にあることを知っていました。これまで安定が続いたのはすごいことです。でも、今後も安定が続くと想定することはできません。

可能性は三つあると思います。一つ目は、トランプ氏のような独裁的なポピュリストが独立

機関を弱体化させ、裁判所を無視し、報道の自由を抑圧することです。そうなると、トルコ、ハンガリー、ポーランドなどのような体制になり民主主義からどんどん離れてしまいます。

二つ目、おそらくもっと可能性が高いシナリオは、トランプ氏に対する抵抗があり、独立機関は破壊されずにすむということです。それでも政治システムの規範が崩れます。トランプ氏が政権を去っても彼のようなポピュリストの人気は落ちません。人々の怒りは高まっていきます。30年、40年、70年と経つ間に民主主義体制は弱まり、毎回ではないにしろトランプ氏のような大統領が次々と現れるでしょう。75年かけて民主主義体制が徐々に損なわれていった共和制ローマの歴史に似ています。

三つ目は最も希望がある可能性です。多くの若いアメリカ人が今起きていることを見て、この状況を拒否し、民主主義の大切さを再認識することです。民主主義が脅かされたら何が起きるか身を以て知り、民主主義のために戦うことです。政治に積極的に関わり、憲法の大切さを思い出すことです。そして、このようなポピュリズムに対する免疫をつけることです。これが最も希望のあるシナリオです。実現する可能性がどれほどあるかはわかりませんが、私だったらこの未来を目指して戦います。グローバルな民主主義、平和と繁栄を大切に思う人なら誰もがこの未来を目指すべきだと思います。

アメリカの民主主義システムの改革については意見がたくさんあります。親しい友人の中には議会政治のように、得票数に応じて議席を配分する比例代表制を導入すべきだと主張する人もいます。私に言わせれば絵に描いた餅です。アメリカには強い体制と政治システムがあります。アメリカの議会や議員の選出方法を変えるのは現実的ではありません。

必要なのは、正しい政策です。政治に関わる人たちが皆、真実を大切にすることです。民主主義の規範にそむく人たちに立ち向かうことです。相手が同じ政党に属する人であっても、です。人々の怒りを鎮める社会的、経済的な政策のために戦うことです。それが実際に人々の生活を向上させることに繋がります。今後20〜30年の間のオートメーション化に伴う失業に対応することです。世界中からやってくる人々をアメリカ人ではないと排除するのではなく、歓迎して受け入れることです。また、民主主義の基本的な規範を守るために協力して戦うことが必要なのです。

体制はすでに整っています、体制には問題ありません。必要なのは、価値と政策なのです。

## 思想、崇拝、言語を個人が好きに決める権利を守る

さて、最後に、今一度考えてみましょう。民主主義とは何か？

大切なのは、民主主義ではなく「自由」民主主義だと思います。自由民主主義には二つポイントがあります。まず国民主権という民主主義の要素があります。つまり人々が自分の運命を

自分で握っているという主体感があること、何か気に入らないことがあれば変えることができるということです。

そして自由の要素もあります。多数者の専制や衆愚政治ではないことです。つまり、何を考えるか、何を崇拝するかしないか、何を食べるか、どの言葉を話すかを、個人が好きに決める権利があるということです。

アメリカとイギリスでは過去数世紀、西欧と日本では過去70年あまり、この二つが揃っていましたが、これは非常に貴重なことです。人類史上において、とても壊れやすくユニークな状態です。それが今脅威にさらされています。ですから、国民全体として主権を持ちながら、個人の自由を認めるため、私たちは戦わなければなりません。

この稀有《けう》な組み合わせを守るために。

## ホッブズが迫る人間の本質を考える

希望：すなわち、達成できるという意見を伴う「欲望」は《希望》と呼ばれる。
絶望：達成の見込みのない「欲望」は《絶望》である。
恐怖：「嫌悪」の情に加えて、対象から「害」を受けるという考え方が伴うときは《恐怖》である。

（『リヴァイアサンⅠ』トマス・ホッブズ　永井道雄・上田邦義訳　中央公論新社）

人間の心に湧き起こるさまざまな感情。ホッブズは、徹底して、人間のうちに生まれる、抑え難い感情という厄介なものについて考察し続けた。
制度として、理念として維持される民主主義。だがそのベースになっているのは、当然、人々の心、感情、無意識レベルまで含めたさまざまな情念だ。ポピュリズムの功罪についての議論も錯綜し、人々の心の動きを捉えることが難しい時代、そうした人々の想いが積み重なったブロックの上に構築される民主主義というモデルが揺れるのは、当然とも言える。時に言葉にすることも難しい人々の心の底に眠る想い、大衆心理というもの。

今、人々は何を頼りにしているのか？　もちろん、国により、場所により、立場により、置かれた状況により、意識的に、あるいは無意識的に、さまざまな引き裂かれ方をして、複雑な様相を呈しているわけだが、そんな状況だからこそ、あえて、普遍的な、数百年レベルのスケールで、人間の本質を考えてみたい。

あらゆる映像（ファンシィ）は私たちの内部における運動であり、**感覚中につくられたそれらの運動の名残り**である。そして感覚のなかでたがいに続いて起こった運動は、そののちも感覚のなかで一緒に続いて起こる。したがって**まえのものが再び生じて、しかも優勢であるかぎりは、あとのものは動かされた物質の凝集によって前者に続く**。それは平たいテーブルの上の水の一部が、指でどこかで導かれると、全体がその方向へ引かれるのと同様である。

（太字筆者『リヴァイアサンⅠ』トマス・ホッブズ　永井道雄・上田邦義訳　中央公論新社）

映像、イメージをめぐる精神の運動、心の探究について、この書き手も、実はトマス・ホッブズその人だ。

彼には、本当にさまざまな顔がある。政治思想という権謀術数など、人間のドロドロした思いが渦巻く世界で、心、思考法などをつぶさに観察することによって人間のありように至るのはよくわかるが、それにしてもびっくりするのは、この視点だ。彼が生きた時代は400年前。リュミエール兄弟による映画の発明の200年以上前、フロイトが無意識の存在を唱えた時からも150年以上前なのだ。

「感覚中につくられたそれらの運動の名残り」とは、なんとも興味深い表現だが、人の心にひとたび生まれた強い印象、記憶……それは残像となり、他の感情をも巻き込み、独り歩きしてしまう、というのだ。私たちはいつも残像を、虚像を見ているというのか？　さらに、その名も『人間論』として著された書物では、幾何学の探究から展開して人間の「錯覚」について、こう述べる。

画像中に平面として描かれているものが平面でなく見え、画像中では長くないものが長く、前傾しているものが直立して見えるほど注意深く、透視図法による画像を眺める人々は、本来的に言えば、**画像そのものを見たり感覚したりしているのではなく、描き手の模倣している事物そのものを、見えるものに先立って思い起こしている**、ということである。

（太字筆者『人間論』トマス・ホッブズ　本田裕志訳　京都大学学術出版会）

さらに、こう続く。

ちなみに、右のことから次のこともまた理解することができる。すなわち、多くの経験からたくさんの事物について、**観察され比較された自然な見え方を、記憶によって保持**しており、そのうえしっかりした想像力を持っていて、造形されたものを眺めている間、かつて見た事物の観念が心から消え失せないような人でなければ、ものが見えることのあらゆる理《ことわり》を見通した哲学者も含めて**誰ひとり、透視図法による画像の判定者ではありえない**、ということである。

（太字筆者『人間論』トマス・ホッブズ　本田裕志訳　京都大学学術出版会）

人間の認識というものの不確かさ、そしてそれが生み出す心のメカニズムへの考察。つまり、人間は悲しいかな、過去の記憶、それも映像の記憶が残像となってかき乱され、今目の前にあるものの形状すら、正確に認識できないことが、延々と論証されるのだ。たしかに鮮烈な印象は、一つの強い画像となって心の底に沈む……。「誰ひとり、透視図法による画像の判定者ではありえない」とは、とても強い言葉だ。客観的な真実など、この人間という存在が認識することなどあり得ないという、ホッブズの深い絶望、諦念が読み取れる。

実際、ホッブズの名を政治思想史に刻みせしめた「万人の万人に対する闘争」、あの言葉が出てくる『リヴァイアサン』の中でも、人間の想像力、思考、感情などについての記述にかなりの紙面が割かれている。本項の冒頭に引用した箇所にも、こんな前段がある。

人が何かある一つのことについて考えるさい、そのあとに続く彼の思考は、一見偶然のようにみえるが全部そうなのではない。つまりあらゆる思考が無差別にあらゆる思考に継続するのではない。かつて全体的あるいは部分的に感覚を持ったことのないものについてはイマジネイションからを持つことがないように、一つのイマジネイションから他のイマジネイションへの移行も、すでに私たちの感覚中に同じような経験がなければ起こりえない。

（『リヴァイアサンⅠ』トマス・ホッブズ　永井道雄・上田邦義訳　中央公論新社）

すなわち、過去の記憶の残像が強烈であればあるほど、それは増幅され、人間の思考は、一つの方向へと進んでいってしまう。ぬぐい難い恐怖という感情であれば、なおさらだ。恐怖が、恐いという感情が、さらなる恐怖を呼ぶ。それは素朴なレベルでも、恐い夢を見た後なかなか寝付けなかったり、一度恐い思いをした夜道を通ることへの抵抗感など、誰しもが思い当たる感情の延長にあるものだろう。「幽霊の正体見たり枯れ尾花」はご愛敬だが、実際、過去の強い体験、視覚的な記憶にも残る一コマが、フラットな思考を邪魔してしまう経験には、思い当たるのではないだろうか？　感情が独り歩きし、エスカレートする現象、強迫観念が生まれるメカニズムは、恐怖と呼ばれる感情ほど加速することも、体感的に知るところである。そして同時に、知るところであるにもかかわらず、コントロールが難しい。パニックに象徴されるように。

ホッブズがすでに見出していた「残像が捏造する感情」だが、この考察に影響を与えていたであろう、もう一人のイギリスの哲学者の話もしておこう。フランシス・ベーコンだ。ホッブズより四半世紀ほど前に生まれた彼も、科学的合理主義の礎となる考え方の探究に人生を捧げることになった人物であり、人間の思考を歪ませる現象についての論考が有名だ。「四つのイドラ」は倫理の教科書で太字で目にしたことがあるだろう。人間という存在である以上生まれる精神、感覚の誤謬《ごびゅう》からの「種族のイドラ」、個人の性格、育った環境、文化の相違から生まれる「洞窟のイドラ」、コミュニケーションの過程で言葉の行き違いなどから生じる「市場のイドラ」、そして、権威や権力に惑わされての無条件な妄信状態となる「劇場のイドラ」……、この四つに分類できるような偏見、バイアスを外さないと正しい判断ができないと警告を発している。そして、それを乗り越えていくために、帰納法という、経験によって得た知識をまとめ、共通する事実を導き出す方法を提唱するに至ったのだ。

それにしても、人間とは、自分で自分がわからない、あっと言う間に自らの感情に溺れ、支配される、なんとも哀しい生き物なのか？　戦乱が止められない、「暗く陰惨」と記述される時代に、知性を、思考を武器に立ち向かおうとした人々の言葉を今紐解きながら、複雑な感慨を抱かざるを得ない。

さて、こうしてベーコン、ホッブズらが暗闇で迷走し、歪んだ思考を持ってしまう時代を克服し、啓蒙主義、ルネッサンス、そして近代科学へと、輝かしい知性、つまり客観的に真実に迫る武器を手に入れたかのように言われる時代へと突入していった、はず、なのだが、時代は直線的には進まない。その先に待っていたのは、こんな言葉だ。

物理学や生物学の歴史を、研究者たちの仕事がしだいに専門化していく過程を通して描いてみることは非常におもしろいし、それは、直観的に判断されるよりずっと大きな意味をもっていると考えられる。それによって、**科学者が一世代ごとにしだいに狭くなる知的活動分野の中に閉じこもり孤立していく**様子を明らかにすることができるだろう。しかし、そのような歴史がわれわれに教える重大なことは、そのことではなく、むしろ逆である。つまり、**研究の領域をせばめなければならなかったために、科学者が、しだいに科学の他の部門との接触を失い、ヨーロッパの科学、文化、文明という名に値するただ一つのものである宇宙の総合的解釈から離れてきた点が、重大**なのである。

専門化がはじまるのは、まさに、《百科全書》派を教養人と呼んだ時代であった。一九世紀になると、研究業績そのものはすでに専門化する傾向があったが、百科全書派的に生きていた人の指導のもとに、この世紀はみずからの運命を開拓しはじめたのである。次の世代になるとバランスはくずれて、**専門化のために各科学者は総合的教養を失いはじめる。**一八九〇年に、第三の世代がヨーロッパの知的覇権を握ると、われわれは歴史上、例のない新しいタイプの科学者に出会うのである。この人々は、思慮のある人間になるために知っていなければならぬことのうちで、特定の科学しか知らず、その科学のなかでも、自分が活発に研究している一握りの問題だけをよく知っているのである。自分が専門的に研究している狭い領域の外にあるものを知らないということを、一つの美点であると主張するほどになり、総合的知識にたいする興味をディレッタンティズムと呼ぶようになった。

（太字筆者　『大衆の反逆』オルテガ・イ・ガセット　寺田和夫訳　中央公論新社）

長い引用になってしまったが、これが著されたのは1930年のこと。著者は、スペインの思想家オルテガ・イ・ガセットだ。

科学技術という近代的合理主義が生んだ輝かしい成果は、その結果として、と同時にまたさらなる発展のため、「専門化」という現象を生んだ。研究分野は、その内容が高度になるにつれ、細分化の度合いを深めていく。専門化は、いつの間にか、悪しきタコツボ化を招き、少し分野が異なるだけでそこには対話も生まれない状況となる。専門化の研究自体は精緻を極めていくかもしれないが、それは、同時に、オルテガが言うところの「総合的教養」からはどんどん遠のいていく。その時、「人々を幸せにするための科学技術」などという視点は消え去り、単なる技術オタクだけの小さな閉じた世界があちこちにできあがる、というのだ。先に述べたように、これが、90年近く前の教養人による嘆息であったことに、私たちも深いため息を漏らさざるを得ない。

もちろん、社会のためなど、はなから考えない、専門を極める「異能」の真理探究の好奇心こそが、ブレークスルーをもたらし、社会のあり方を変えるというストーリーも否定しない。アップルの創業者で独創的なイノベーションで世界に影響を与えたスティーブ・ジョブズの伝説をはじめ、「奇人」「変人」の「偏愛」こそがすべての源というのも一面の事実だからだ。だが、それは分野にもよるし、その能力の発揮の仕方の功罪は、良きコンダクターの指揮の下に総合化されなければならないのだ。独りの果敢な変わり者の官僚のマネジメントで、オタク集団がうまく機能し異能を発揮、怪獣の動きを止める「シン・ゴジラ」の「ヤシオリ作戦」のようなことも現実にはそうそう期待できないのだとすれば、どうするか？

オルテガの嘆きは続く。

　もっとも資質のすぐれた人間――専門職――のなかでもっともすぐれた科学者、つまり大衆的人間とまったく逆であるはずの人間の場合ですら、いま述べたように、かれは生のほとんどあらゆる領域において、しかるべき資格もなく、大衆的人間のように行動するわけである。

右のことは、根拠なしにいっているのではない。今日、政治、芸術、宗教、生と世界の一般問題について、《科学者》や、またそのあとに控えた医者、技師、金融家、教師などが、いかに愚かな考え方や判断や行動をしているかを、だれでも観察することができる。私が、大衆的人間の特徴として繰り返しあげた、《人のいうことを聞かない》、高い権威に従わないという性格は、まさに部分的な資質をもったこれらの専門家たちにおいて、その頂点に達する。かれらは、今日の大衆による支配を象徴しており、また、大衆による支配の主要な担い手である。かれらの野蛮性こそ、ヨーロッパの退廃のもっとも直接的な原因である。

（『大衆の反逆』オルテガ・イ・ガセット　寺田和夫訳　中央公論新社）

「もっとも資質のすぐれた人間」「もっともすぐれた科学者」を「大衆的人間」に変えてしまうのが、民主主義というものなのか？　専門化し、大衆化した科学者たちの「野蛮性」こそが「ヨーロッパの退廃のもっとも直接的な原因」と、オルテガは断じるのだ。もちろん時は流れ、現代では、むしろさまざまな揺り戻しもあり、ここにある言葉のままに現状を捉えることもまた危険だ。だが、人々の自由な意志を尊重し社会の最適解を探し求める民主主義、さらにその精神を経済制度として実現しているはずの資本主義という制度の下、私たちは、多くの人々から構成される社会というものの中での個のあり方、人間という存在に潜む避け難い性質を見据えて、考えねばならない。

42ページに引用した、『リヴァイアサン』の中に、こんな項目がある。

**いわれのない恐怖**：なぜか、また何にたいするものか理解しえない「恐怖」は、《いわれのない恐怖》（パニック・テラー）である。牧羊神パンがその創造者であるとされる寓話からこの名がつけられている。しかし、実際にそうした恐怖をいだく最初の者は、つねにある程度はその原因についての理解を持っているにもかかわらず、**他の者はたがいにみな、自分の仲間がその理由を知っていると仮定し、最初の者の例にならって逃走する。**だから、この情念は群衆の中にある者だけに起こる。

（太字筆者『リヴァイアサンⅠ』トマス・ホッブズ　永井道雄・上田邦義訳　中央公論新社）

『自由からの逃走』。エーリッヒ・フロムの書物の名を思い起こした方もいるだろう。自由というものが、いかにファシズムを招き寄せるか、ナチズムへのドイツの傾倒を問題意識として、普遍的に集団となった時の人々に巣食う心の弱さを分析した書物だが、いつの時代も、集団、多くの人々の中にあって個の力ははかないのか？　すでにしてホッブズの考察も、その核心に迫っている。

この「最初の者の例にならって逃走する」人を笑うのはたやすい。群集心理という言葉で解説するのも、机上や教室でならできるだろう。だが、人々の群れの中に独りある時、人間は、自分の心からの判断より、他者の心の内でなされる判断の方にひっぱられてしまう。そういう生き物としての弱さを抱えていることは少なくとも意識的に理解しておいた方がよい。卑近な例では、バーゲンセールでの狂騒、名店という噂がつくり出した並ぶことが自己目的化する行列など……。我も我も……、根拠のない中、否、根拠がないからこそ、人はたしかに目の前の人の動きに動揺し、居ても立ってもも居られなくなるのだ。

独りあることの不安と恐怖。群衆の中にあるがゆえに生まれる恐怖。

人間は独りでは生きていけない。だから、人と関係を持つ。それは、共同体と呼ばれたり、社会と呼ばれたりする。だが一度できた社会は、個人個人の意志からは遊離していく。誰もコントロールできなくなっていく。

さて、アメリカ、フランス、揺れる両国にあって、社会の中での人々の心の問題を見つめ続ける二人の研究者の言を聞こう。

# II アメリカの激情 フランスの憂鬱

## ――人々の心の底を暴き出せ

# 焼き尽くしてほしかった ただすべてを

ジョナサン・ハイト
Jonathan Haidt

社会心理学者（アメリカ）
ニューヨーク大学教授
1963年生まれ

道徳の感情的な基礎、文化との関連について、また政治行動の背後にある心理についても研究。『社会はなぜ左と右にわかれるのか』（紀伊國屋書店）に象徴されるように、大衆の心の底に眠る思いを分析、政治における「リベラル」と「保守」の対立が生まれる心理的な原因、構造などを考察し続ける。アメリカに何が起きているか、人々の心の本質を抉《えぐ》る。

## 民主主義はアメリカの道徳的美徳を表す宗教だった

アメリカの民主主義は宗教のようなものです。特に第28代アメリカ合衆国大統領ウッドロウ・ウィルソンが「民主主義のために安全な世界をつくるべく我々は戦う」と言った第一次世界大戦以来、アメリカ人にとって常に民主主義が最高で最善のシステムだったのです。民主主義を世界に広めながら、これはアメリカが持つ道徳的美徳を表すものだと、私たちは思ってきたのかもしれません。

それにもかかわらず問題は、1776年と1787年に建国のために集まった人たちが民主主義を好んでいなかったということです。彼らはアリストテレスを読みました。アリストテレスは、「民主主義は二番目に悪い政府の形だ」と言っていたのです。なぜなら民衆や大衆により決められる民主主義は、必ず独裁政治になり下がるものだと恐れていたからです。ですから、アメリカはあらゆる抑制と均衡のシステムや人々への抑制のシステムの上にできました。

民主主義と良い統治に肝心なのは、政府を倒す力が常に民衆に備わっていることです。どんな形態でもそれが最も肝心です。ただ、民衆が課題について直接決めたり、何をすべきかを発言したり、法律をつくったりすべきでしょうか？　そのような直接民主主義は比較的国の規模が小さくて教育レベルも高いスイスではうまくいっているのかもしれません。ですがアメリカは共和制をとっています。私たちは議員を選挙で選び、その人たちが判断をして法律をつくるのです。

このシステムは20世紀にはだいたいうまくいっていました。アメリカの民主主義はしばしば機能しないこともありましたが、基本的には機能していました。今現在、人々は民主主義が機能していないと思っています。

## 扇動政治家に惹きつけられるほどアメリカは感情的になっている

問題はいろいろあります。

私が研究しているのは社会心理学です。私たちの論理的思考がいかに感情や激情によって左右されているかを研究しています。人が怒っている時は……、怒っていたり熱くなっていたり、嫌悪感や、恐れを感じている時は、とても悪い判断をするでしょう。簡単に間違った方向へ導かれてしまいます。それが扇動政治（デマゴーグ）であり、アリストテレスが言っていた事態です。アレクサンダー・ハミルトンら建国の父たちも言っていたことです。

今現在、アメリカはとても熱くなっています。ヨーロッパもそうです。ですから人々は簡単に扇動政治家に惹かれてしまうのです。これがポピュリズム台頭の根源です。右派のポピュリズムもあれば、左派のポピュリズムもあります。右派のポピュリズムは大抵、問題のあるグループを標的にしようという発想で、特定の民族に焦点を当てがちです。ドイツではユダヤ人。ヨーロッパの大半ではイスラム教徒。アメリカでは、ドナルド・トランプにとっては、メキシコ人、というわけです。もちろん、右派のポピュリズムすべてが必ずしも人種差別主義的というわけではありませんが、往々にして、大抵あるグループを標的にしているのです。それに対し、左派の人々はそれを嫌います。左派が最も大事だと思う平等という価値観に反しているからです。

左派のポピュリズムもグループを標的にしますが、大抵それは特定の民族ではありません。今のアメリカでは、大統領選で立候補したバーニー・サンダースを支持していた左派のポピュリストたちは、銀行やウォール街、ビジネス界や資本主義を標的にしています。

どのケースでもポピュリストは情熱的で、多くの場合、まっとうな不満があります。しかし、私は彼らが推進しようとする多くの解決策を考える時、やはり、ポピュリズムは好ましくないと思います。ポピュリズムは、しばしば、とんでもない経済政策を生み出すのです。この10年間、ラテンアメリカ全体で見られたことでした。

ポピュリズムは多くの場合、ある問題に対する反応でしかないのです。それは、もちろん、現実にある問題です。ヨーロッパと同様にアメリカには多くの深刻な問題があります。格差の拡大……金持ちはどんどん金持ちになっています。カオスの実感……共通の文化が失われてきているという感覚。これらはとても深刻な問題です。

その問題をどうすべきかに関して、今、アメリカは大きく分断されています。

## アメリカがバラバラになりつつある今、違いを強調してはいけない

こうした現状について、まずは社会心理学の視点から考え始めましょう。私たちはある集団を形づくる生き物として、進化してきました。グループとして結集し、他のグループと競争することが人間はとても得意です。

アラブのことわざがあります。

「私vs.兄弟、私と兄弟vs.いとこ、私と兄弟といとこvs.よその人……」

こんな具合で、皆、結託するのが上手なのです。しかしその一方で、同時に人間は交易や交換、旅、他の場所を訪れることもとても得意で、未知の他者に対しお互いに興味を持っています。こうした特性を考えた上で、私たちをグループとして一つにさせる力や、同時に分断したり分裂させたりする力について、考えなければなりません。

こう考えてみたらどうでしょうか？　そこには遠心力があるのだと。遠心分離機を回すとすべてが吹き飛ばされて分裂します。しかし、求心力もあります。私たちをまとめる力です。小国にいるということは、良い求心力があるということです。民族や宗教が同種であるというこ

とも、良い求心力になります。明らかに日本は同種の部分が非常に多い。独創性には欠けることになるかもしれませんが、共通の目的意識を持てる点ではとても良いことです。

みんなで一つなんだという感覚を持っていること。状況が良くなれば皆良くなり、状況が悪くなれば皆悪くなるという意識は、皆が同じ船に乗っているという感覚を持つためにはとても良いことなのです。

アメリカでは1940年代から、だいたい1980年まではみんなが上向き調子でした。格差も縮まっていたのです。それにアメリカは第二次世界大戦を終えたばかりでした。日本が真珠湾攻撃をした日に私たちは一つになり、アメリカはそれまでになく、まとまったのです。

私たちは第二次世界大戦を終えて、それから冷戦でソ連と戦いました。当時、ずっとアメリカには強い求心力がありました。強い求心力でまとまっていたのです。愛国心も強く、非常に楽観的で、みんな同じ船に乗っているという感覚がありました。

しかし、それが1980年代になって変わってきたのです。理由はグローバリゼーションと経済状況の変化、それとロナルド・レーガン大統領によって実施された用意周到な政策でした。経済はより成長しましたが、最後の頂点でした。同時に、多文化に関する新しい考え方が広がり、思うにそれが異なる民族グループが敵対する原因になったのです。

ですから、アメリカは大いなる目的意識とアイデンティティの共有の時代から、それらのものを失う時代へと突入し、今ではバラバラになってしまいつつあるのです。これを修正してポピュリストの怒りを鎮めるためには、みんなにとって経済が機能するようにしなければなりません。労働者階級の人々が、一生懸命働けば成功できると思えるようにしなければならないのです。そして、アイデンティティを共有しているとより感じ、共通の国民性を感じるようにしなければなりません。

私たちの共通の部分を強調することが重要で、違いを強調してはならないのです。右派にも左派にも、アメリカの何が間違ってしまったのか、健全な政治がなされる状態に戻るために何をすべきかに関して、いいアイデアがあるはずです。

## エリート層への怒りがポピュリズムの底にある

ポピュリズムは個々の国の異なるフラストレーションへの反応として、国により少し異なる形になって現れます。すべての国に共通するのは、権力や特権を与えられたエリートをこれ以上信用できない、彼らは自分のことしか考えていない、腐敗していると大半の人々が感じていることです。

例えばブラジルや韓国などでもポピュリスト運動が見られますが、その焦点は腐敗です。エリートたちは民衆に無関心で盗みを働いていると、多くの人々は感じています。アメリカでは腐敗はそこまで問題ではありません。私たちはエリート層が盗みを働いているとは思っていません。ですが、彼らが庶民を軽視してきたとは、言えるかもしれません。

アメリカの中部はかつて「ハートランド」と呼ばれ、保守的で伝統的な価値観が支配的な地域と思われてきました。私たちはそれが本物のアメリカだと思っていたのです。ニューヨークやロサンゼルスに住んでいても、そこは本当のアメリカではありません。

ですが、この20〜30年で何が起きたかと言うと、いくつかの主要都市がとてつもなく豊かになり、エリート専門家たちがとんでもなく金持ちになったのです。

アメリカ中部の新しい呼び名に、「フライオーバー・カントリー」(アメリカの遅れた田舎)があります。ニューヨークからロサンゼルスへの飛行時間を長くしている、飛び越されてしまう地域のことです。大都市に住む人たちは、中部に行きたいなどとまったく思いません。

ですから、それらの地域の人々には、エリート層が失敗した、エリート層は自分勝手だ、エリート層は庶民を軽視しているという感覚が、日々増しています。それが当然ながら怒りを生むのです。フラストレーションや、単純にすべてを焼き払ってしまいたいという欲求を生むのです。アメリカのポピュリズムのベースにある重要な感情です。

ドナルド・トランプはたくさんの乱暴なことを言いました。衝撃的で人種差別的だったり、性差別的だったりすることです。それでも多くの女性が、実際ほとんどの白人女性が彼に投票しました。

私が読んだ中で最も優れた分析はこう指摘していました。

「人々はとにかくすべてを焼き尽くしたかったのだ」

彼らはドナルド・トランプが欠点だらけでも構わなかった。彼らはヒラリー・クリントンに投票すれば単にさらに4年間、同じ下降傾向が続くだけで、それだけは嫌だと思ったのです。

もしトランプが大統領になって焼き尽くしてくれるなら、その後どうなるかに関しては大して心配していなかった。ただすべてを破壊したかっただけなのです。

## 競争のための試験が大衆を無視するエリートをつくった

一つ付け加えておきましょう。アメリカの大きな問題は、ヨーロッパやアジア全体にも当てはまると思うのですが、直近の10年、社会が若い人に課す競争試験にそれまで以上に頼ってきたことです。どうやって大学に入りますか？　試験でいい点を取るしかありません。ですからアメリカのエリート支配は、アジアでもそうですが、本当の能力に基づいたものではありませんし、リーダーシップに基づいたものでもありません。何かをつくり出せる能力に基づいてもいないのです。

学校や塾、そして試験でいい成績を取ることに基づいているだけです。それにもかかわらず、試験でいい点を取って、国でトップ3の大学に入って、コンサルティング会社や法律事務所でトップの職に就けば、「私は誰よりも頭がいいし、誰よりも努力した。こうなって当然だ」と心から感じるようになってしまうのです。

エリートがこれまでになく庶民を軽視している、もっと言えば無視していると言うべきですね。試験が庶民に無関心でいる原因の一つになっています。彼らは自分たちより経済的に恵まれていない人々を知らず、自分たちは幸運に値すると強く思っています。ですから私たち全員、社会全体が、競争試験にとてつもなく重きを置くことを心から疑う必要がある段階にきていると考えます。

私がアジアを旅した時は、特に中国、あるいはそれ以上に韓国では、子供時代が試験への準備を中心に決められていました。とても残念なことですし、子供時代が非常にもったいないと感じました。子供たちの人生がもったいないだけでなく、それがほぼ確実に、「自分は成功して当然だ、何も社会に返す必要はない」と感じるエリートの誕生に繋がるのです。

こうした競争試験がもっともっと加熱していけば、エリートと庶民がより分裂することになると思います。おそらくアメリカでは相互にエスカレートしていく段階に入ったのかもしれません。なぜなら単にエリートvs.庶民ではなく、むしろ左派対右派になっているからです。左派が言うことなすことを右派が言語道断だと思い、右派は左派が言語道断だと思うことをやっています。そしてソーシャルメディアやインターネットにより各サイドが違うサイドの最も悪い部分だけを見るようになっているのです。少なくともその4分の1は完全なデタラメなのですが。

こうして、各サイドが言語道断の川に常に浸かっているような状態なのです。私はアメリカの現状を心配しています。この状況がどのように終わるかが、今は見えません。将来は私にも誰にも予測不可能です。アメリカを見限るのはよくありませんし、事態が良くなる可能性もあると思います。しかし、現時点では、あまり希望が見えないのです。

## 自らの文化が崩壊する危機感から独裁者を待ち望む人たち

政治科学者のカレン・スティナーによるとても興味深い研究があります。権威主義的になりやすい人がいると言うのです。つまり、その人たちは道徳的秩序が崩壊していると見ると、壁をつくり、道を外れた者を罰し、〝普通〟と異なる人を追い出すわけです。

つまり彼女が発見したのは、自分が危険だとか、自分の将来の経済的状況が危機に瀕しているからではなく、自分たちの文化が崩壊しつつあるという感覚が権威主義者となって、彼らを突き動かすということです。彼らはファシストの独裁者の台頭を待ち、強い者が現れて支配してくれることを願っています。ですから個人に対する脅威だけでなく、特に集団への脅威と思われていることも見なくてはならないと思います。

同時に、とても強力で一般的な要素もあります。社会のパイが大きくなりつつあるか否かということです。もしみんなが、パイが大きくなっている、物事は進歩している、将来にはより多くのチャンスがあると感じていれば、人々は自分と異なる人たちの共生をより歓迎しますし、後退を経験することもそれほど気にしないでしょう。将来を楽観視できるからです。

しかし、パイが決まっていて大きくならないと感じた時には、人々は自分のピースを確保しようとして自分勝手になります。人々がパイは小さくなっていると感じた時、今日よりも明日の方がパイが小さくなると感じたら、人々は本当にネガティブで攻撃的で目先のことしか考えないようになってしまいます。

幸いアメリカはその状態になったことがありません。パイが小さくなったことはありません。ただラテンアメリカ等の多くの国々ではそういう事態が起き、人々が激しく争いました。ですがもしアメリカで長い低迷状態が続けば、もしドナルド・トランプが経済政策を誤ったら、もし彼のせいで世界的な貿易戦争に突入することになったら、もし経済が実際に縮小したら……。アメリカは1930年代以外にそうなったことはありませんが、もし経済が一定期間縮小することになったら、その時は今よりもっと見苦しい事態になるでしょう。

## アメリカは「自由でオープンな国」でいる必要がなくなった

アメリカはこれまでもしばしば内向きになってきました。繰り返し、反移民感情の波が起きてきたのです。このことを考える時、二つのことに注目しなければなりません。

一つは、国内の移民の数と多様性について、考えることが重要になります。特にヨーロッパで見られることですが、移民がとても多くなり、特に流入してくる人の文化が異なる場合、社会のある一定数の人々が強い反感を示すことが予想できます。その中には人種差別主義者もいますが、多くの人々は、実は人種ではなく文化を気にしているものです。彼らは急激に文化が変わってしまうのが嫌なのです。19世紀や20世紀初頭のように移民の数が多かった時、例えば、私の曽祖父母がアメリカに来た1907年当時は、移民の大きな波がありましたが、それが大きな反感を買い、1920年代に一度門戸を閉じたのです。そして移民はわずかしか受け入れませんでした。ちなみに、その時もすでにアメリカにいる人種は別でした。つまりヨーロッパからの移民は受け入れたのです。アメリカは基本的に歴史上とてもオープンな国ですが、反移民の動きがあった時代が何回かあり、そして今またその時代が来ているというわけです。

もう一つ見るべきは、国民の目的意識です。アメリカがソ連と戦っていた時、アメリカが「自由世界」だった時は……私が大人へと成長していた時は、私たちはアメリカを「自由世界のリーダー」と呼んでいました。ですがいったん冷戦が終わると、アメリカがそれまでのように自由でオープンな国でいることを必要とする大きな争いはなくなりました。私たちのアイデンティティは以前ほどそれが必要ではなくなりました。そして2001年の9・11の後、突然、新たな敵かもしれない存在が現れたのです。イスラム系のテロリストと呼ぶべきかもわかりません。しかし、それによりもっと閉じた国にした方がいいと多くの人たちが思ったのです。「彼らは新しい種類の敵で、戦艦や私たちの軍隊で撃退できるような敵ではない。彼らはむしろ国境を越えて入ってくる浸潤する細菌のようだから国境を閉鎖するべきだ」とね。

脅威とは何か、集団vs.集団の感覚とは何かを見ると、アメリカのような国がオープンであることを重視するのか否か、防衛を重視するのか否かに関して、さまざまなことが見えてきます。

## 縮小する社会の中では閉鎖性が高まる

国が経済的に発展すると、価値観がどのように変わるかに関してとても興味深い研究があります。世界の異なる国の人々の社会文化的、道徳的、宗教的、政治的価値観を調査するため、社会科学者たちによって現在行われている国際プロジェクト、世界価値観調査です。クリスチャン・ウェルツェルとロナルド・イングルハートがこの素晴らしい調査を数年ごとに、今では100か国近くで行っています。彼らは人々の価値観についてさまざまな質問をし、国が繁栄して安全になるにつれ価値観がどのように変わったかを示しているのです。人々が餓死する恐れがなくなり、夜間に政府によって連れ去られることがなくなるなど、安全になると価値観が変わるのです。

脅威や圧力が薄れるとどうなるか？　ちょっと読んでみましょう。「人々の心がオープンになり、安全よりも自由を、支配よりも自治を、均一性よりも多様性を、規律よりも創造性を優先するようになる。さらに、持続的な存在に対する圧力……」。一方、世界が危険で、閉じていて、より脅威が高まっているように見えると、「こういった圧力は人々の心を閉ざし続け、その場合は逆の事柄を優先するようになる。安心して存在できる心の状態は、寛容さや仲間集団を超えた連帯を生む。存在への圧力を感じる心の状態は、差別や外集団への敵対心を生む」。

これはアメリカやヨーロッパで起きていることを的確に言い表しています。経済が上向きで状況が良くなりつつある時は、人々の価値観はそれほど変わりませんが、子供たちの価値観が変わります。子供たちは新たな文化の中で育ち、女性の権利やゲイの権利、動物の権利、環境、人権を考えるようになるのです。ヨーロッパでは各世代でこの現象が起きてきました。私が家族とアジアを旅した時もこの現象が見られました。

中国、韓国、日本でも、若い世代はその両親よりもこういった進歩的で左派的な社会的大義に関して、より深く考えています。ですがもし、経済状況が変わって危険が増し、戦争が起きれば、次の世代はある意味もっと保守的になるでしょう。こういった進歩的でオープンな価値観には固執しないでしょう。
私はこれが今アメリカで起きていることではないかと恐れています。次の世代がどうなるかわかりませんが、もしウェルツェルとイングルハートが正しければ、次の世代はより閉鎖的な考え方を持つようになるでしょう。

## 教会に行かず、地元組織が消えつつある中で起こる人々の不安

19世紀にフランスの政治思想家アレクシ・ド・トクヴィルがアメリカへ来て「多数派による専制政治」について指摘しました。有名な話ですよね。その時彼は、利益団体や中間共同体に目を向けました。イギリスからアメリカが独立した時、トクヴィル以外にもヨーロッパからアメリカへやって来た人々がいました。その全員が独特のアメリカ人気質について述べました。アメリカは広大な国で中央政府がなく、アメリカ人は自分たちで自分たちを統治していたのです。

建国の父の一人と言われるベンジャミン・フランクリンが典型的で完璧なアメリカ市民の例です。問題が起きれば、フランクリンがみんなを集め、消防団が必要だとなれば、どうやって火を消すかを考える。学校や水道、交通、郵便のシステムも考え出したのです。アメリカ人は常に自分たちで自分たちのことをするという意識があるのです。

中央集権化されているフランスに比べてアメリカ社会の強みの一つは、任意団体をつくるのが得意だということです。中間共同体や地元の市民組織などです。しかし、これも、多くの人が見てきた通り、この50年ほどでこれらの結社は消えつつあると言わざるを得ません。

政治学者ロバート・パットナムは『孤独なボウリング』という有名な本で20世紀後半のアメリカ社会での共同体の衰退を指摘しました。彼は人々がどの程度、市民組織に属しているかをデータで示しましたが、その数値は下降する一方でした。ある時、彼は会議でこう言っていました。「もし今の傾向が続けば、人々が集ってやるトランプゲームであるブリッジの最後のゲームは２０３１年になるだろう」と。

みんな忙しく、教会にも行かない。地元の組織は消えつつあるのです。もしかしたら電子メディアが新しい形態の繋がりをもたらしてくれるかもしれません。ですが今のところ、新しい繋がりができている証拠はほとんどありません。電子的な形態は大抵満足感をもたらさず、それよりも社会的に人と比較する心性や不安感を引き起こすのです。

特に保守派はこの件について心配しています。保守派は地元コミュニティの強さの度合いや制度や宗教、家族にとても敏感なのです。これらすべてがアメリカでは弱体化しています。結婚率が下がり、より多くの子供たちが母親に育てられて、何人もの男性が家族になっては消える。こういった状況は一般的に良くないのです。二人の両親がいる状況に比べてね。アメリカ人の気質が変わってきたかどうかはわかりません。ただ社会学的見地から見たアメリカの状況は変化しています。19世紀にトクヴィルが見たものの多くが失われることも考えられます。

しかしながら新しい形態のグループもできています。ですから将来を予測することはできません。古い形態のグループが消えていく一方で、どんな新しい形態のグループが出てくるのかは、私たちにはわからないと思います。

ミレニアル世代、1980年前後から2005年頃にかけて生まれた、10代からデジタル環境になじんだ初の世代である彼らはそれまでとは違うのです。観察してみると、80年代に生まれた古いミレニアル世代は、それより古い人々と少し違うくらいです。ですが90年代に生まれた若いミレニアル世代は非常に違うように見えます。彼らはほぼ常に監視の下で育てられ、子供時代をずっと守られてきましたから。

アメリカでは1960年代から90年代まで犯罪が急増しました。おそらくガソリンに大量の鉛が入っていたからでしょう。60年代や70年代に生まれたアメリカ人は体内に高レベルの鉛があると言われています。犯罪の急増が止まっても、私たちは子供を守ることをやめなかったのです。子供を家の中に留め、大人と一緒でなければ外に出さないことにしていました。

ですから90年代以降に生まれたアメリカ人は、それまでの生徒たちと比べてとても違うように見えるのです。彼らはいろいろな意味でより傷つきやすく、より動揺しやすく、感情的にダメージを受けやすいように見えます。

大学を卒業したらタフになるのかは現時点では不明ですが、今のところ、ミレニアル世代は起業家精神に乏しく、新しくビジネスを始める人数も少ないように見えます。彼らはそれまでの世代が持っていたタフな部分やバイタリティをいくらか失ってしまったようです。子供時代にずっと監視されていたからです。80年代以前は、子供たちは多くの時間を大人の目のない場所で過ごしていました。自分たちで外に出て遊んでいたのです。ですが90年代になると、子供を外に出したら逮捕される可能性が出てきました。誰かが「うわ、保護されてない子供がいる！　誘拐されるかも！」と騒ぐからです。90年代以降は子供が過保護にされすぎたと思います。

## 必要なのは、安定した経済的基盤、教育、努力が報われる状況

「最大多数の最大幸福」を得ようとする一般的な功利主義的アプローチは、政府の一般的なアプローチ方法であるべきだと思います。政府は人民の人民による人民のためのものです。ですから政策決定の目的は、人民が繁栄できる環境をつくることであるべきだと思います。

一般的には、直接国民を幸せにするのは難しいと言えるでしょう。ですが人々に安定していて予測しやすい経済的基盤や教育を与え、努力が報われる状況をつくり出せば、人々は自分な

りの成功を摑むことができます。それが幸福へのベストなレシピのように思えます。人々にお金をあげたり、多大なる経済的援助を与えれば、その人たちが受け身になることもあります。直接、人々を支援するのは、時に彼らのマイナスになるのです。この意見は保守派や自由主義者によく見られます。ですから腐敗を避けることができ、縁故資本主義でもなく、革新的に何かを創り出し、一生懸命働いて、他の人が欲しがるような物をつくって仕事の成果を得られるよう、人にやる気を起こさせる健全な資本主義システムが、幸福へのレシピだと思うのです。ちなみに、国会議員や政策立案者がしばしば経済学者であるために、人間性について完全には理解できていないことが怖いと思います。彼らは経済的な生産性だけを結果の測定に使うのです。それは間違いです。

アメリカには15年前から「ポジティブ心理学」運動があります。人々には、創造性やコミュニティ、安定性、一般的な活動等に関するさまざまなニーズがあることをリーダーが理解できるように、これによってサポートしているのです。経済学者だけにつくってもらうのではなく、人間性や人間の満足の源に関する、より幅広い感覚を持って、公共政策をつくろうとしているのです。

## 当面は悪化の一途をたどるアメリカの民主主義

民主主義はどうなっていくのでしょう？　またどうあるべきでしょう？　この世界には多くの成功した民主主義がありますし、多くの失敗した民主主義もあります。一般的にスカンジナビア諸国は非常に効果的な民主主義を実践していると見られています。彼らには民主主義……投票や、人々が集まってルールをつくる長い伝統があります。それにお互いへの非常に高い信頼があります。これは重要です。

人々がお互いや政府やエリート層を信頼していれば、驚くほど素晴らしいことが可能になります。スカンジナビア諸国では問題が起きれば……例えばスウェーデンは1960年代から70年代にかけて、しばらくの間社会民主主義的な改革を試していましたがあまりうまくいかず、経済も停滞しました。ですが、彼らはそれについて話し合うこともできたのです。「何がいけなかったんだろう？」と。そして効果的な政策を実施して、90年代までにはよりダイナミックな経済をつくり出すことができました。

お互いへの信頼度が高ければ、民主主義は非常にうまく機能するのです。アメリカでは1960年代までの社会にとても高い信頼がありました。しかし政府の失敗や、ベトナム戦争の間に政府が多くの嘘をついたこと、ニクソン大統領とウォーターゲート事件、人種やジェンダー、そのほかのさまざまな問題で社会的に大きな分裂が生まれたことで変わりました。

60年代中盤から70年代中盤の間に、政府やリーダーシップ、そしてお互いへのアメリカ国民の信頼が失われたのです。70年代まで他の政党への信頼はそこまで低くはなかったのですが、その頃から徐々に落ちていきました。そして2000年以降は異なる学派への信頼や好感度が急激に落ちました。私たちはお互いに大きな嫌悪感を抱くようになったのです。今では政治的分裂が起きています。

信頼がなく嫌悪感があると民主主義が成功する確率は低いと思います。アメリカがより効果的かつ効率的に機能して模範となる民主主義を実現できることは今後10年か20年はないでしょう。50年後はわかりません。ですが次の10年か20年は、状況はより悪化すると思います。

## 民主主義に期待しすぎてはいけない

民主主義とは民衆による統治です。リーダーが人々の希望を非常に敏感に感じ取る統治形態。実は1920年代の言葉があるのですが、こんな感じだったと思います。

「民主主義とは、リーダーが、人々が何が欲しいかを考え、それを人々に存分にあげるものだ」

わかりづらいですかね。つまり、民主主義とはリーダーが民衆の要求や気まぐれに応えるものです。例えば民衆はだいたいもっとお金を使えるようにしてほしいし、税率を下げてほしい。

民主主義は多数派による専制政治になり得るし、衆愚政治にもなり得る。とんでもない愚策の誕生にも繋がるかもしれないのです。

アメリカはみんなで過去に戻って建国の父たちの書物を読まなくてはなりません。私たちは「フェデラリスト・ペーパーズ」も読まなければ。憲法を起草した者たちが、憲法を論じるために書いた論文です。民主主義ではなく共和制についての書物です。

不満なら人々が政府を交代させることができる一方で、右派や左派の報道機関が伝える報道により大勢の人が怒り、自分たちに圧力がかかる心配ばかりすることなく政府が機能できる余地がある代表制民主主義をどのように実現できるかを考えなければなりません。

民主主義には常に問題がありました。ソーシャルメディアの時代である今日、その問題はより深刻になっていると思います。

## 民主主義的な思考を抑制し、共和制の要素を強める時

私は政治学者でも政治哲学者でもありませんから「あるべき民主主義の形」についてはわかりません。しかし、このことは言えるでしょう。

アメリカの民主主義は、自由で公正な選挙システムです。しかし、リーダーたちは企業や他の団体からの献金に振り回され、また選挙区の支持者が資金の潤沢な団体に影響されるかもし

れないという恐れにも多大なる影響を受けています。それが今のアメリカの民主主義です。だから機能していないのです。

私たちは既存の憲法の範囲で何らかの方法を見つけなくてはなりません。憲法は修正や変更を許しています。選挙方法の改善の仕方を見つけなくてはなりません。極端な意見の者が候補者選びにそこまで影響力を及ぼさないようにするために、です。ですから選挙の実施方法を改善しなくてはなりません。巨額になっている選挙資金の拠出方法も同時に考えるべき課題です。

そして、立法府が私的に、何なら秘密裏に問題を解決するために、独立して動ける範囲をより大きくするべきです。現状では協力し合えません。なぜなら彼らが相手サイドと協力すればやり玉にあげられ罰せられるからです。私たちは立法府がもっと自由に動けるようにすべきです。彼らは概して問題を解決したい人間です。ですが彼らには問題を解決するための自由がない。圧力がかかりすぎています。

私は今の状況では、民主主義的な思考を抑制し、共和制の要素を強める、そのバランスをとるべきだと思っています。

# 民主主義のイノベーションのために

シンシア・フルーリー
Cynthia Fleury

政治哲学者／哲学者／精神分析学者（フランス）
パリ・アメリカ大学教授
1974年生まれ

政治哲学と、その後哲学の博士号も習得。精神分析も研究し、現在は、大学で政治学を講じる他、倫理に関する国家諮問委員会のメンバーでもあり、パリの救急医療および心理学ユニットにも参加、さまざまな社会活動を通じて、人間と社会の本質を考察し続ける。誰もが主体的に自分の人生を選び取ることができることが大事、そのためには民主主義が健全に機能することが必要条件と説く。

## 代表者への不信、制度への不信という民主主義の二つの危機

現在のさまざまな、あらゆる民主主義のあり方を見ていると、イギリスでも、フランスでも、アメリカでも、それは同種の構造の危機、とてもよく似た危機の状況にあるように思えます。

社会全体が危機的状態にあるわけですが、まず個人がとても強い不安定な気持ちを抱えている……、すなわち多くの人々が社会から落ちこぼれているという感情を抱えているのです。それだけではなく、エリートや政府というものに対する信頼が大きく損なわれています。その他にもいろいろな現象がありますが、とりわけ一部の人々が、自分たちの意志を代行するはずの代議制という制度そのものに不信感を持ち、危機感を強めています。この危機感の背後には、実は二つの要素が入り組んでいます。

一つ目は、代表者たちに、そもそも代表能力が欠如しているという意味での危機です。これは代表行為という考え方そのものに反対しているわけではなく、ただ単に、現在の代表者が、国民を十分に代表していない、数の上でも実際の意見を反映する割合になっていない、十分に多様化されていない、異世代から構成されていない、市民社会と十分に結びついていない、十分な専門知識がない、市民社会、企業、政界などの間の行き来が容易ではない、それぞれが被選挙資格を公平に取得することができない、本来、私たち誰もが、民意の代表者となる資格が

あるはずなのに、実際はそのようにはなっていない……と列挙していけばきりがありませんが、現在の代表者たちに、人々は本当に多くの不満を感じているのです。しかし、同時に、こうした危機感は、代表行為そのものについては、まだ問題にしていません。

もう一つの危機感。こちらは、制度そのものに対しての不信なのです。まったく別の角度からの動きが、代表行為自体を問題としているように見えるのです。必ずしもそれは一気に直接民主主義の方向には向かわないかもしれませんが、とはいえ、一部の人たちは、現在の代表制を壊して、より直接的な参加の方法をとりたいと考えています。つまり、インターネットを使って投票したり、国民投票に参加したりする方法です。そもそも自分たちは、誰かに代表されるべきではない、代議制という形など意味をなさないと考える人たちが生まれてきているのです。

ゆえに、より積極的に政治参加を行う方法があれば指揮したい、場合によっては決定に参加したい、インターネットを使用し、直接的に動きたいのです。具体的に言いますと、例えば、国民議会である法律が可決された際に修正案が出される場合、インターネットサイト上で疑議院のようなものを持つことを望んでいるのです。

今、私たちは、代表行為と参加行為を今までとは違ったやり方で両立させ、国民の主権を断続的にならぬよう、継続的に持続させたいという欲望が交錯する世界にいます。単に5年ごとの主権といったような話ではなく、任期期間中により積極的に民主主義体制に参加を欲する動きが強まっています。まさに、現在は社会的危機と同時に、民主主義制度の、原点にあった発想の理念そのものに大きく揺さぶりがかけられているわけです。つまり、多くの人々は、自分たちの思いが満足に代表されていない、彼ら自身が行う評価に十分に反映されていないと感じていると言わざるを得ません。

## 制限付き投票権と生涯教育、ベーシック・インカムの関係

しかし、その名にふさわしい評価を期待するのであれば、生涯教育を受ける機会も同時に請求するべきでしょう。例えば、もし私が法律に携わる仕事や公共調査に関わりたいと希望するとしましょう。そうすれば、そうした市民のために時間を割いている間は、私は働きに行けないわけですね。その分の支払いを誰が私にしてくれるというのでしょうか？　誰が私の生活を保障してくれるというのでしょうか？　ゆえに、さまざまな階級の市民が、能力や教育水準に応じて付与される「制限付き投票権」の導入を望んでいるのです。それは、民主主義制度を本格的に積極的に変えるものです。そうなれば、ベーシック・インカムという制度も検討の対象になってくるでしょう。最近フランスでも、たびたび話題になっています。

市民の時間の創出も議論にのぼります。市民の時間とは何でしょうか？　市民活動を支える

企業や行政により支払われる時間のことです。今は民主主義制度の理念に対する不安感と同時に、エリートたちの汚職や能力不足に対する不満感もあるわけです。たしかに、妻の不正疑惑が浮上したフィヨン元首相についても、支持の集会や逆にこれに反対するデモ集会もありましたね。

「ニュイ・ドゥブー」の集会なども定期的に開かれていました。「ニュイ・ドゥブー」とは労働法改正案反対運動を発端に2016年から始まった新しい社会運動のことです。「抵抗の夜」の名でご存知の方もいるかもしれません。参加者はパリの共和国広場を夜毎に占拠し、さまざまなテーマで討議するスタイルで、指導者を置かず、既存政党とも距離を置いているのが特徴です。「ニューヨークのウォール街を占拠せよ」といったものや「トルコのゲジ公園を占拠せよ」などといった動きもありましたね。たくさんの市民運動が多くの場合公共の場を占領しているわけです。こうした運動では、十分尊重されているとは言えない公共の健全性についても告発されています。つまり、道徳的退廃という問題もあるのです。

繰り返しますが、今、民主主義は、倫理面、社会経済面、そして体制面において、危機的な状況にあります。とりわけ見過ごすことのできない体制面の危機とは、体制そのものが人々の求める対策や、民主主義のあるべき水準に対応できていないことを示しているのです。

## 集団の力と個人の自由の狭間からの産みの苦しみ

危機にある民主主義ですが、その不均衡をよく観察すると、一方で集団的権力を求めているにもかかわらず、他方で個人主義へ傾斜するという、一見矛盾するような動きがあることに気づきます。この二点の間で、いったい、どのようにバランスを取れば良いのでしょう？

実際にそこには、大きな二極性があります。まず一方では、集団的防衛戦略といったものを考える必要があります。なぜなら、個人の権利を守る最も良い方法とは通常、集団的防衛戦略だからです。単に個人レベルの問題なのではありません。個人が自分の権利を守れるほど力はありませんからね。

しかし、他方で個人主義や社会構造の細分化といった傾向があります。私的で職業的な領域、自らの運命や集団の物語といったものではなく、個人の物語を仕上げようとする意志に人々は閉じこもるのです。これはまさに1980年代、90年代の傾向であると思いますが、それがまた蘇りつつあるのです。そして、度を超えた個人主義というものが最終的には民主主義を危険な状況に陥れることを、私たちは目の当たりにしています。

課題はむしろ「アンディヴィデュアシオン（個性化）」といったものを確立することなのです。この言葉は、「アンディヴィデュアリスム（個人主義）」に非常に似通っているようですが、少々意味が異なるものです。そこには、絶対的な自分自身、自分という主体を築くのとはむしろ反対に、自分は他の人たちとは違うけれども社会に関わることにも参加するという意味があります。自分の持つ特異性や才能を主張しつつも、他人と共に集団的物語も築くということなのであって、それこそが社会的な繋がりであり、ソーシャルネットワークの問題です。違いや特異性を持つ個人が社会的な繋がりの中心にあって、同時に個人はそうしたソーシャルネットワークを守っている存在なのです。

すなわち、私たちは、今までとは異なる別の方法で集団をつくる方法を試行錯誤している過程にあるのです。

## 巨大なものを恐れることで人間は平等になる？

実際、もしそれが個人主義者の目的のためだけだということであるならば、それは社会を、とりわけ民主主義そのものを危機にさらすことになるでしょう。この新しく集団をつくるに当たって、時に人々はむしろ恐怖からその方向へ進むことはありませんか？　主張される違いは時には差別を生み出すのではないでしょうか？　差別を生じさせることなく違いを守るには、その勇気を維持するにはどうしたら良いのでしょうか？　そして、この勇気は何を意味するのでしょうか？

恐怖とは、社会における重要な構造要素です。ホッブズの『リヴァイアサン』をお読みになった方ならおわかりでしょうが、例えばホッブズは、決して恐怖なしで済ましてはいけないと言っています。恐怖は社会契約の基礎であるとみなさなければいけないとしているのです。ホッブズの巧妙なやり方はどのようなものであったかと言いますと、元来は妄想的な自然の状態である恐怖を変換させるということなのです。つまり、誰もが他人を怖がってしまっては生きることなどできません。それでは常にジャングルのような状況が続くものだからです。「人間は人間にとって狼である」のですから。昼夜を問わず他人を警戒し続けていることなど、不可能なことです。ホッブズはこうした恐怖というものを、水平ではなく垂直のラインに利用することを提案したのです。今後は互いを恐れるのではなく、巨大なもの、すなわちリヴァイアサンを恐れることで人間は平等になるというわけですね。それが私たちの中に平等性をつくるのだというのです。ホッブズは単に愚直なわけではありません。この恐怖というものがないままに済まそうという考え方はしていないのです。

実際、ある意味では社会においてはこのような恐怖というものなしに済ますことはできません。

ほんの少しの恐怖というものさえなければ、私たちはおそらく一緒に暮らすことはできないでしょう。それぞれの人生をそれぞれで生きましょうということになるだけです。とは言っても、この恐怖というものが大きすぎても恨みやパニックを引き起こすことになります。それはあってはならないことです。

人々の欲望を、他者の欲望の模倣と見抜いた人類学者であり、文芸批評家でもあるルネ・ジラールが、その重要な研究論文においてはっきりと説明しているのですが、政治共同体とは通常は二つの動きにより成立するものなのです。

まず、外部の敵を指名する動き、すなわち古代ギリシャ人が「ポレモス」と呼んだ、外部にいる人物と戦争をするという動きですね。そして、それだけではなく、次に戦う内部の要素というものも必要になるわけです。ジラールはその著書『身代りの山羊』の中で言っています。古代ギリシャ人は、常に内部の敵を恐れた、と。ともあれ、はっきりしているのは、多くの場合、社会は外部の敵であるテロリストのことに集中し、内部の敵としての恐怖の対象は公然と非難されている人たち、すなわち、失業者や難民、移民といったものになるのです。社会というものはこのように成り立っているのです。なんとも、惨憺《さんたん》たる状況です。

要はバランスの問題だとも言えます。本来は、平凡な要素からくるバランスです。悲しい欲望や低俗な欲望から生まれる、感情のアンバランスをどう収めるか？　同時にこうした状態をどのように変えていくか？　ということこそ、社会契約の問題のはずです。社会的妥協の問題、社会状態の問題というのは「法治国家」を放棄しないということです。ここ最近は、社会状態というものを副次的、二次的なものと捉えすぎてきたのです。

私たちは、いわゆる「ネオ・リベラリズム」の影響を受けた法治国家をつくることで、結果として格差というものを著しく助長させてしまいました。今ようやく、民主主義をあまりにもネオ・リベラリズム化させると、民主主義そのものが危機的状況に陥るということに、人々は気づき始めています。なぜなら、民主主義というものは、中産階級が共通の運命を共有していると感じていたことにより、社会的妥協によって、かろうじて成立していたからなのです。

しかし、今ではもはや同じ状況はなくなっています。中産階級は細分化されたのです。彼らはもはや以前と同じ道をたどっているという風には感じていません。これは複雑なことです。格差は拡大し、たとえ、絶対的価値における貧困水準というものが安定し、あるいは回復したとしても事態は変わりません。そして、実際には格差は、まだ劇的に拡大し続けているのです。

## 民主主義とは勇気

勇気の問題をお話ししましょう。私がまず伝えたいのは、民主主義は、勇気が基本的な美徳となる、ということです。勇気とは、自分を守るためのツールになるものです。理由は簡単です。まずは自分自身が鬱状態に陥らないために、主体として行動することが必要だからです。つまり、考えながら行動することが必要です。この思考と行動という二つを分けてはいけません。そして、勇気とはバランスのための大きなツールでもあります。理由は非常に簡単です。私たちは、民主主義においてネオ・リベラリズム的な望みを持つがゆえに、往々にして忘れがちなのですが、民主主義とはどこか自動的なものであると思い込んでいるのですね。自由主義者が抱く大きな理想の問題は、民主主義とは、手続きや制度や体制などによって勝手にうまくいくものだという思い込みがあるのです。

しかし、それは間違っています。民主主義とは人間によって、あるいは市民の貢献や取り組みによって成立するものです。特にバランスの力によってです。そして、それは多くの場合、勇気の必要性を反映します。つまり、よく学生たちにも言うのですが、「デモクラシーとは権利ではなく、権利を獲得することができるための条件である」ということです。これらはまったく別物です。なぜなら、そうでなければ民主主義は単なる力関係のゲームになってしまうからです。民主主義とは、単に今現在の状態であるとの認識から抜け出さねばならないのです。民主主義とは、常に単なる保守主義の力と戦う、不断の進化主義の力であるのです。

その反面、権威主義的な体制とは異なり、暴力を利用することなく、新しい正当性を生み出そうとするものでもあります。そして、そこには市民の不服従、法律の成立やメディアとの論争などといった問題があり、それこそが民主主義の特殊性なのです。これは、ある意味闘争です。暴力のエネルギーを他のものに利用しようとする闘争なのです。

## 勇気は特別な人だけが持っているのではない

では主体的に、市民として、どこからこの勇気を得ることができるのでしょうか？　そのような勇気はどこにあるのでしょうか？

勇気というものは、驚くべきことに、多くの場合は付加価値のようなものとみなされています。つまり、一部の人間に与えられているものであって、多くの人にはないものと考えられているのです。大雑把に言えば、勇気がある人とない人がいる、という風にです。しかし、現実は必ずしもそうではありません。

勇気というものは、自らが責任を負うと決めた時にしか存在し得ないものです。正確に言えば、それは他人に責任を肩代わりさせないということになります。そういう意味で、孤独であることは基本的な前提となるのですが、同時に勇気とはその孤独の中で学ぶものでもあるということです。それは一種の教育によって学んでいくものでもあります。

勇気というものは、模範によって教えることができるものです。それが至って平凡な模範だとしてもです。つまり、途轍もないヴィジョンがなくてはならないわけではないのです。

## 自らが使う勇気、もらう勇気、さまざまな形

例えば、他人を救うといったような行為です。例を挙げるとすれば、最近もテロがありましたが、その時、ある男性が勇気のある行動を見せましたし、もちろん、そのような女性もいたわけです。彼らは途轍もない勇気を示しました。武器を取り上げようとテロリストに向かって突進した人がいたのです。それらは、驚くべき勇気ある行為でしょう。自らを死に直面させるわけですからね。それは単純なものではありません。

その一方で、ありふれた勇気とでも言うようなものもありますね。例えば、職場でハラスメントの被害にあった場合などに見られるものです。従業員として職場に来ることを拒否するようなことですね。これなどは途轍もない勇気というものではありませんが、同僚や自分自身の人生を変えるかもしれないものです。ですから、そうした日々の生活の中で、ありふれた市民的な勇気というものも、実は至るところにあると言えるでしょう。

驚異的な勇気を持っているのであれば、コントロールをする際に、より多くの勇気を見せることができ、日常的に目の当たりにする機能不全を拒否することができ、職場における軽蔑的な言動や誹謗中傷、失礼な話し方などといった典型的な場面に出くわした時、その段階で「ストップ！」と言うことができるのなら、それは、より害の少ない環境を手に入れることに大きく貢献するでしょう。さらに、メディアの中にも勇気ある態度を示している人はいます。中に

は命を賭けている人もいるのです。

しかしそうではない場合、通常は知識人という人たちが発言します。政治家がもっともらしく伝えていることも、高尚な言葉も、建前も必要ないと言うのです。こうしたものすべてが人々に勇気を与えるのです。それらが、なぜ勇気を与えるのでしょうか？ 例えば市民が政治家たちの話を聞いても、彼らの発言はいつまでも繰り返される建前ばかりであってそれが市民を大きく失望させるからです。

## 言葉の力を取り戻す

民主主義において、さまざまな議論、調整、決定を行うための大きなツールの一つは「言葉」です。人々が彼は適当なことを語っていると思うことが、とても重要なのです。多少人々を困惑させてしまうかもしれないことがあったとしても、真実を言う方が良いのです。聞こえの良い嘘を言うより、はるかに良いのです。「ブーメラン効果」というものがあるからです。つまり、「狼少年」の物語のように、言葉が何の意味も持たなくなるということ、すなわち、言語の非実体化というものは、民主主義においては、大変、危険なものです。

繰り返しますが、暴力をコントロールするための第一のツールは「言語」です。ゆえに、言葉で何か言っていたとしても、言っていないことになるような危険というものがあるのです。

月並みな表現の例として「社会的計画（plan social）」というものがありますが、これなどは「解雇」、すなわち従業員をクビにすることを意味するわけであって、まさにこの類の虚飾的な表現というものは、ある時には人々の勇気や信頼を損なわせてしまうものになるわけです。なぜなら、勇気と信頼というものは完全に連動するものだからです。特にエリート政治家などの発言についてはそうですね。

権力の構造を新たな思想で暴き、大きな影響を与えた哲学者ミッシェル・フーコーが、パレーシア的と呼ぶ協定（pacte）は、粗野に聞こえる言葉ではありますが、ギリシャ語を起源としているもので、その語源であるパレーシア（parrhesia）とは「真実を語る」「包み隠さず話す」という意味です。このパレーシア的協定こそが社会契約の真実を生み出しているのだとフーコーは言っているわけです。

要するに、民主主義社会にいる場合は権威主義の体制とは異なる、ある種の協定があって、その協定の下に、自らの人生と自由が脅かされることなく真実を言うことができるということです。単純なことです。この真実との駆け引きは維持されるべきです。

しかし、今、世の中では何が起こっているでしょうか。

テレビで公開討論などの類を巧みに見せてはいても、残念ながら、真実の質の良い言葉を聞くことはあまりできません。時間をかけて、世界の複雑なことを説明するような言葉を聞くことはできないのです。

とはいえ、幸福なことに、フーコーが言うようなパレーシア的な空間が他にないという意味ではありません。パレーシア的な空間とは、例えば教室であり、フォーラムであり、市庁舎で開かれる講義であり、あるいはまた、パリの共和国広場でのニュイ・ドゥブー、つまり「抵抗の夜」の場であり、２０１１年5月15日に開かれたスペインの「怒れる人たちの広場」やその他の場所における集会、すなわち、いずれも自己管理における集会というものが出現した場所には、まだかろうじて生き残っています。これらすべてが、パレーシア的な空間なのです。本質的なことを話し合うために人々が集まる空間です。そこでは、建前で本音が隠されるようなことはありません。たしかにテレビでも同じようなことがもっと見られるといいと、思いますけれどもね。

## 民主主義とは教育のプロジェクトだ

私にとって、民主主義とは「知識の体制」です。最良の政府は何かなどと問う以前の問題です。どの権力体制にあるかどうかと、問う以前のことです

まず、本格的に民主主義の基本というものに立ち返るべきだと思います。当初の精神、あるいは明晰な同意による「解放」の理想というものに立ち返るべきなのです。

要するに、民主主義の真実とは教育のプロジェクトのことです。単に、一緒に何を築こうかということではなくて、できるだけ包括的で解放的な教育を得るための最適な条件をどのようにつくり出すかという話です。たしかに、私は「事後」というより、常に「事前」にいかにすべきかを考える作業をします。この教育的プロジェクトをどのように構築し、その名にふさわしいものにするにはどうするか？　を考えるのです。

次に、私にとって民主主義とは「創意工夫」、イノベーションです。皆で何を発明できるかということに他なりません。21世紀を目の当たりにし、民主主義をコントロールするために役立つような新しいツールを発見したいと思います。あるいは、中世イギリスの人文主義者トマス・モアが提唱したように市民への平等な配分、ベーシック・インカムといったものについても考案したいと考えています。彼の時代からかなり時間は経ってしまいましたが、いずれにせよ、市民の収入が、民主主義を、民意をコントロールするためのツールであるという事実を利用したいと思います。経済的規制や労働と雇用との関係、あるいは市民の問題などを調整するためにも、です。

課題はたくさんあります。これらの課題はまさにベーシック・インカムの概念に繋がっているものです。あるいは、どのように代議制と参加行為というものの間で均衡を保つかということも課題でしょう。さらには、どのように国民国家として国際政治の中でより協力的な関係を構築できるかという課題もあります。

これらはすべて民主主義におけるイノベーションの問題です。すなわち、私にとって民主主義とは「教育」と「考案」という問題にもなり得るのです。

# 「五月革命」とは何だったのか？　空転したエリートたちの想いと大衆の本音

五月革命。もはや初めて聞くという読者も多いのかもしれない。1968年5月に勃発したフランスの学生運動。そのうねりは、世界へと波及したとされ、この日本にも及び、大衆的な広がりを見せた。当初、パリ大学の学生たちが大学の制度改革を要求、しかし大学側が拒否、集まった学生と警官隊が激しく衝突。その後、労働者や、教員組合なども巻き込む社会的な動きに発展したのだ。この頃若い世代を中心に世界各地で、泥沼化するベトナム戦争への抗議、反戦運動がすでに巻き起こりつつあったが、そうした流れとも一体化、さらに大きく語るならば、西側諸国の自由主義、資本主義のあり方についての疑問が突き付けられていたムーブメントとも一緒になって、世界へと広がっていった。

フランスではその一つの起点として68年5月がメルクマールとされているわけだが、その主張、スタイルは多様で、世界で何が目指されていたのか？　国により地域により場所により、さらに個人により異なり、一言で括ることはできない。フランスのケースでもさまざまな「反抗」の精神が息づいていた。それを象徴するように、当時、パリ郊外の小学校の外壁に「ここに疎外始まる」と大きな文字で書き込まれた一枚の写真が残っているのだが、例えばこうした言葉にも、教育制度も含めた近代的なシステムすべてを否定したいという思いを感じ取ることができるだろう。

実際、怒りの感情とともに現状を変えようと激しく抗う人々の内面に巣食うもの、その目指す主張などを正確に言語化することは難しい。急激な都市化、近代化、市場原理化への抵抗……。さらに斜めに見れば、物質的な豊かさが増していく社会、近代的な産業社会の原理が順調にテイクオフし始めたからこそ生まれた、自己喪失、疎外への倦《う》んだ感情とも言えるのだから皮肉なものだ。いずれにせよ、ひとまず物質的な「豊かさ」が達成されようとする中で起きた出来事だったのだ。今だからこそ、あれはグローバリズムへの抵抗だったのだと語る人もいるだろう。そこまでは一応の教科書的な正解とできる。しかし、安易な言葉の選択で、誤解が誤解を招き独り歩きすることを警戒すると何も言えなくなる。確かなのは、そこに強い否定の、破壊の感情が存在したこと。当時の記録、批評、ドキュメントにも何冊か目を通したが、誠実に調べるほどにとても「総括」などできないという思いが頭をかすめる。

「左翼」学生たちの反乱だったと、政治思想の分類では語られる。しかし、ここで言う「左翼」とは何か？　その対極にあるとされる「右翼」とは何か？　もう一つ面倒なことに、実は今やこの相違自体、その示す内実自体も、人により、世代により、地域により、よくわからなくなっているのが実状ではないだろうか？　今なお、アメリカのトランプ現象も、フランスのルペン大統領候補の躍進も、すべてが「極右」勢力の台頭、という表現でメディアに躍るステレオタイプの見出しとなるのだが、それをどう捉えるべきか？

## フランス革命とルソーの「社会契約論」

そのことを考えるためには、もう一つの革命まで遡った方が良さそうだ。そう、フランスで革命と言うからには、やはりあの革命だ。1789年、国王ルイ16世の王政を打倒、アンシャンレジーム＝旧体制を打ち壊し、民衆が権力を握ったとされる、あの「フランス革命」である。単にフランス共和国の建国の起点と言うにとどまらず、ヨーロッパにあっての民主主義誕生の歴史的な瞬間とも言える。ホッブズによって世に流布することになった「社会契約」という概念は、フランスの思想家ジャン＝ジャック・ルソーにより『社会契約論』として発展、このフランス革命の理論的な根拠を用意した。

人間は自由なものとして生まれた、しかもいたるところで鎖につながれている。自分が他人の主人であると思っているようなものも、実はその人々以上にドレイなのだ。どうしてこの変化が生じたのか？　わたしは知らない。何がそれを正当なものとしうるか？　わたしはこの問題は解きうると信じる。

（『社会契約論』ジャン＝ジャック・ルソー　桑原武夫・前川貞次郎訳　岩波書店）

その「解きうる」とした結果が、ルソーの死後、実際の革命として実現したと言ってよいのか、それはわからない。しかし、確実に「社会契約」という思想が時代を変えた。

「各構成員の身体と財産を、共同の力のすべてをあげて守り保護するような、結合の一形式を見出すこと。そうしてそれによって各人が、すべての人々と結びつきながら、しかも自分自身にしか服従せず、以前と同じように自由であること。」これこそ根本的な問題であり、社会契約がそれに解決を与える。

（『社会契約論』ジャン＝ジャック・ルソー　桑原武夫・前川貞次郎訳　岩波書店）

こうして、「すべての人々と結びつきながら、しかも自分自身にしか服従」しない「自由」

をそれぞれが手にする政治、民衆による民主主義という考え方の基礎が形づくられたのだ。そして、先に述べた左翼」なる言葉が生まれた原点も、実はこのフランス革命にある。

絶対王政のシンボル、パリ・バスティーユ監獄が襲撃され、召集された国民議会でのこと。国王の権利を認めるべきだとする王党派が議長席から見て右側に、認めないとする勢力は左側に陣取った。ここから、いわゆる「右翼」と「左翼」という呼び方が生まれたのだ。ひとまず、一義的には、「右翼」は伝統を守る保守派のこと、「左翼」は改革を求める革新派のこと、という意味がそれぞれの言葉に付与された。当時、例えば具体的には伝統的な身分制度の存続を求めたり、外来思想の流入を拒んだりという「右翼」と、身分制度を否定し、自由や平等に重きを置く「左翼」のコントラストは極めてわかりやすいものだった。

しかしその意味は大きな歴史の潮流の中でねじれ、変容していく。一つのきっかけは、およそ100年前のソ連＝ソビエト社会主義共和国連邦の成立、ロシア革命だ。誕生した社会主義国家では、資本家の搾取から労働者を解放することが目指され、結果、「自由」より「平等」がまず重視された。そこから「国家による統制」が導き出され、「左翼」の理想は、勢い、いよいよ「平等」ということになっていく。すると今度は、社会主義という敵陣営に対抗する形で、「右翼」という名の保守は、「自由」に重きを置こうということになるわけだ。これがその後の米ソの冷戦構造のベースともなり、西側陣営、東側陣営という呼び名で、東西冷戦という構図でも語られていくことになるのだった。それは、一つのスローガンとして、「平等」（＝左翼）vs.「自由」（＝右翼）という時代が幕を開けることを意味していた。

ちなみに1962年（昭和37年）生まれの筆者には、幼い頃からおよそ25年、四半世紀続いた構図であり、皮膚感覚で時代の空気が経験の中に刻まれている。「東西冷戦」、それは決して歓迎すべき事態でないことは明らかだが、価値観の衝突として、わかりやすい対立軸を持っていたとも言える。ヨーロッパ大陸には「鉄のカーテン」（イギリス首相退任後のウィンストン・チャーチルの言葉）があり、東と西では、まったく異なる価値観の世界がある。カーテンの向こうには、僕らの世界から想像することが難しい、社会体制があり、文化の形がある……。幼い頃から、何とはなしに抱いていた、未知の存在への漠たる不思議な緊張感は、今もうっすらと記憶にある。

だから、例えば、浪人時代の1982年、ラジオから聞こえてきた18年もの長きにわたって書記長を務めた権力者レオニード・ブレジネフの死、それによるソ連での動揺、西側陣営への影響を懸念する特派員報告の緊迫した声も、今でも鼓膜に残っているほど大きなニュースだった。西は東を、東は西を、常に意識、警戒する。二大大国の理念と力のぶつかり合い、目には見えない均衡。それは、「熱い」戦争ではなかったが、むしろ、その分だけ、いつもじんわりと、未知の存在への想像力を要請されていた時代でもあったのだ。もちろん、遠く日本にあってむき出しの脅威に出会うというわけではないのだが、「冷たい」戦いがカーテン越しに存在することは、どこかしら人々の意識の中にあり、ましてや、ヨーロッパに位置するフランスの人々にとっては、よりリアルなカーテンであったはずだ。

だがその図式は、二つの大きな衝撃によって解体される。まず、89年のベルリンの壁崩壊、そして決定的な91年のソ連崩壊だ。巨大な社会主義陣営が崩れ去ることによって、世界の多くが、自由主義という名で覆われていく事態に、『歴史の終わり』（フランシス・フクヤマ）も唱えられた。

しかし、歴史は終わらなかった。東西という政治体制での緊張関係が消失した代わりに、富める国々と貧しい国々、いわゆる南北問題がせり出し、結果、「文明の衝突」（サミュエル・ハンチントン）とも言うべき状況が生まれたのだ。国境を越えて市場の網の目が世界を包む時代の到来。今世紀に入ってからの、ニューヨーク世界貿易センタービルへの旅客機による突入、その後のさまざまなテロなど、全面的な資本主義の論理が世界を覆ったことが一因で引き起こされた状況は、みなさんご存知の通りだろう。少々世界の現代史に寄り道をしすぎてしまっただろうか？　しかし、こうした、歴史の対立軸の変遷の中で、今や「右翼」と「左翼」という記号が、単に保守vs.革新、自由vs.平等という、わかりやすい構図では語り得ない、複雑な状況も見えてくるだろう。ちなみに、ソ連での自由の抑圧によって、「左翼」思想そのもののイメージが悪くなった事態に対して、西側陣営の中でも「社会民主主義」と呼ばれるような勢力も生まれ、「平等」と共に「自由」も大切にしようという考え方を推進し、北欧諸国では政権にもついている。

いずれにせよ、錯綜する状況、歴史のパワーバランスがもたらした皮肉の中で、フランス革命が生んだ「右翼」と「左翼」という思想の分類は、ねじれ、混乱し……、この二元論にこだわって整理、潮流を読もうとする人を時に落とし穴に誘い込みかねない。いずれにせよ、ある年代までのフランスは、常にある種の「均衡」状態にあり、そのパワーバランスを維持するセンスこそを信条にしていたように思う。少し、その最後の時代を個人的な体験から振り返ってみよう。

## 「若者たちの革命」からフランスは遠く離れてしまったのか?

90年代、たまたまフランスを毎年訪れ、長い時は3か月近く、まるで定点観測するように、比較的長期にわたって取材する機会に恵まれた。時に美術、時に公共事業の現状など、テーマは多岐にわたったが、その本題とは直接関係ない題材の取材を通しても、静かに進行しつつある変化をかの地で実感していた。それは、ヒシヒシと肌で感じられる、グローバリズムに徐々に飲み込まれ、変質していくフランスの姿だった。素朴な例を挙げれば、90年代前半にはスーパーのレジで英語で話しかけても、母国語に対する誇りから、理解していても答えてくれなかった店員さんの態度が変わり、次第に片言の英語の対応で、「お客様」への愛想が良くなっていった。官僚にインタビューしても、「これからの時代はグローバルスタンダードだ」と強いフランス語のイントネーションが残った発音で主張されたのは97年の夏のこと。ホテルに帰り、何気なくつけたテレビの中のCMも訪れるたびに徐々にアメリカ風の色彩を帯び、どこの国にいるのか、わからなくなっていく……。若い読者の方にはイメージしにくい話かもしれないが、それ以前のフランスという国、かろうじて90年代前半ぐらいまでおぼろげに残っていたフランスには、独自の文化、スタイルを持った国の誇りが、あちこちに見え隠れしていたように思う。そして、少し歩けば、さまざまな表情を見せてくれるパリという街の多面性もそこにあった。

例えば、「右岸」と「左岸」という表現がある。文字通り、セーヌ川を挟んでの右側の岸と左側の岸という意味だが、そこには街のあり方を象徴する記号としての意味がある。当時気の利いた観光ガイドなどにも、「右岸はお金を使い、左岸は頭を使う所」との解説があったと記憶する。すなわち、高級ブランドなどが立ち並び、裕福な紳士淑女や、観光客が買い物を楽しむオペラ座界隈などを象徴とする右岸と、カルチェ・ラタン、サンジェルマンからモンパルナスなど、学生たち、知識人たちがカフェに集う左岸、それぞれの空気の違いを表現したものだ。左岸と右岸、両方の文化がせめぎ合ってこそのパリ、フランス、というわけだ。

この均衡の中にある、文化、体制、民主主義。実際、フランス的中庸という言葉があるが、それは決して足して2で割った平均的なものなどではなく、水面下で激しい綱引きが行われて生まれたもの。常に反対方向へと向かう二つのベクトルの緊張関係の中に生まれていたバランスであり、その緊張関係の維持のために言葉が、議論が欠かせないものだった。一人の個人として、「主体」的に意見を、「論理」的に述べ、「論戦」する。もちろん、それは時にとんでもなく詭弁だったり、わがままな自己正当化だったりもするのだが、そこで火花を散らしているのは、言葉、なのだ。カフェはもちろん、銀行の窓口で、商店の店頭で、街のあちらこちらで自らの権利を主張しやりあう庶民の姿も、あの時代のパリらしい風景として記憶に残っている。そうした、言葉による戦い、健全な論争による落としどころを見つけるあり方は、「阿吽《あうん》の呼吸」を大事にする日本人の目には時に面倒くさくも映ったが、しかし、言葉を戦わした後の清々しい両者の姿を見ていると、どこか羨ましくもあった。パリの乾いた風は、人格と意見を分けて吹いているように見えた。

少々個人的な90年代のパリの記憶が長くなってしまった。68年の出来事がさまざまな形でフランス社会に影を落とし、少なからぬ影響を与えていたとしても、その後70年代、80年代を過ぎてもまだ保たれていた空気を、体感として描写してみた。もちろんこれも一つの物語、異邦人が見た美化されたバイアスも入っているのかもしれない。しかし、これらの記述はノスタルジーではない。別に「良き時代」に戻れなどと、甘い感傷に浸ろうというのでもない。むしろフラットに、リアルに現実を見つめた時、そもそも右と左というレッテル貼りそのものが無効化しつつある現実を捉えてどう対立軸をつくっていくか、問いはそこに行き着くのだった。

そうした意味で、再び68年の構図を考えるべく、今一度、もう一歩中に入って見ていこう。あの時、目指されていたのは何だったのか？　若者たちの「革命」は、既成の権威、近代社会のつくり上げた価値の体系、欧米的な機能的な社会システム、科学技術が生み出した「豊かな」社会へと、その牙は向けられていた。事実、60年代のフランスの経済成長は目覚ましく、少なくとも都市部の生活者の暮らしは年々潤っていったのだ、少なくとも物質的には。日本の高度成長の勢いには及ばないものの、テレビ、洗濯機、自動車などの耐久消費財が揃っていく喜びを多くの人々が嚙みしめていたのである。まさにそんな時代に、68年の「反乱」は起きたのだ。人間は、厄介な生き物だ。「豊かな時代」を若者たちは享受しつつ、その空気感そのものに皮肉なことに苛立ちを覚えていたのかもしれないのだ……。

「すべてを壊したかったから」

そう、その意味では、まさにIIでのジョナサン・ハイトが、現代のトランプ現象の本質として語った言葉を想起させられる。68年のパリの学生たちにも、すでに巣食っていたかに見える「破壊衝動」。これは同質のものなのか？

## ブルジョワと労働者の隔たり

今回の番組制作の過程で、当時のフィルムをいくつか探し出したのだが、その中に興味深いシーンがあった。熱い想いで燃え上がる学生たちが、工場労働者たちの元へ連帯を求めて駆けつける。歓迎されるかと思いきや、労働者たちはおずおずと、門を閉ざし、学生たちが中に入るのを拒むのだ。「革命の同志」との面会を敬遠する。それは、強い「拒否」のようには見えない、まさにおずおずと……、だがそれだけに、自然な、後ろ向きな行為に見える。その姿は、卑近な表現を用いれば、「ありがた迷惑」といったところかもしれない。労働者たちにとっては、生産ラインまで「熱い想い」で破壊されては、生活の手段がなくなってしまう困った話なのだ。こうした映像の記録が正しければ、すべてがすべて一枚岩で「権力」と戦ったわけではなく、少なくとも一部には、こうした「エリート学生たちの怒り」を、ブルジョワの遊びのように冷ややかに捉えていた労働者たちもいたのではないだろうか？　当時のパリのエリートの意識には限界があったのか？

日本と比べれば、フランスは明らかな階級社会であり、労働者と学生の距離は大きく、労働者の階級的な自覚と自負、別世界に住む上層階級や知識人に対する労働者の不信は私が予想していた以上のものであった。

（『パリ五月革命　私論　転換点としての68年』西川長夫　平凡社）

日本から留学中でたまたま「革命」に遭遇した著者は、その渦中にあってしばしば複雑な感慨に囚われていたことを告白している。闘争で目指されていたものは何だったのか？　そこに、矛盾と限界がちらつく。今振り返ると、この時の悲劇とは、ここで起きていた「左翼」なるものの空転なのかもしれない。フランス国内において対抗軸とならない、「フランス的中庸」を実現するための均衡を生む力の空転、有名無実化……。誤解していただきたくないが、僕は、この「革命」が「成就」すれば良かったとも、「敗北」が残念だとも思わない。「左」でもなければ「右」でもない。ただ、ニュートラルな立場で、過去の記録を掘り起こし、微かな記憶をたどる中で思うのは、この「革命」の意味、そこで突き付けられていた問題の本質を考えることこそが、今のフランスの憂鬱を考えるためには欠かせないと、この後お読みいただく、お二人のインタビューからも確信する。

この68年の中途半端な挫折が、フランスから健全な議論を奪い、70年代以降の消費社会の論理を加速化させたとしたら……、歴史は皮肉なものだ。もちろん、今一度確認させてもらえば、経済的な活況、消費社会の実現は、すでに60年代には生まれていた現象だ。だが、この五月革命以降、近代化は曲がり角を迎えることになる。物質的な豊かさから、サービスの消費へ、記号としての消費へ……、まさに消費のための消費の時代が始まっていったのだとも言える。

さらに80年代以降流れ込む、自由競争に過剰に重きを置く新自由主義の論理、そして90年代以降いよいよ加速化していくグローバル化という一連の潮流に、まったく免疫なきままにすべてが流されていったとしたら……。70年代、80年代も静かに進行していた「欲望の資本主義」とも言うべき流れだが、先に示した、「東西冷戦」の緊張。それは過剰なる資本の論理にどこかで防波堤の役割を果たしていたのかもしれない。異なる政治体制、文化のあり方による拮抗関係だ。だが冷戦構造の解体は、皮肉なことに、市場原理によってそれまで考えられなかった国と国との関係性に取り引きを生み、貨幣への欲望を喚起したのだ。

鉄のカーテンの幕が上がる時、そこには広大なマーケットが広がっていた。誰も、グローバル資本主義という名の、利潤の追求そのものが自己目的化し、欲望が欲望を生む資本の運動をコントロールすることはできなくなっていたのかもしれない。そしてもちろん、それは、フランスという国に限った話などではなく、現代の多くの世界の国々を取り巻く現状を打開するためには重要な問題意識なのだ。

68年に実際に戦える青年、少年として参加した二人のフランスを代表する知性の言葉に耳を傾けてみよう。

# Ⅲ 「二つの革命」の負の遺産

## ──「歴史の終わり」は来ない

# 生き延びるためにゲームのルールを知れ

マルセル・ゴーシェ
Marcel Gauchet

政治哲学者(フランス)
フランス社会科学高等研究院 校長
「Le Débat(ル・デバ)」編集長
1946年生まれ

若き日に五月革命に若者の一人として参加。その後は教師、雑誌編集者なども経験、研究者へ。アカデミズムとジャーナリズムの狭間で、民主主義について思考を深め、その理念を世に問い続ける。著書に『民主主義と宗教』(トランスビュー)、『代表制の政治哲学』(みすず書房)など。一貫して、民主主義のあり方、その背後に隠された問題点について、歴史的に考察。

## フランス人の8割が民主主義は機能していないと感じている

もともと民主主義とは不安定な体制なのであり、常に議論の対象とされてきたものです。その中心となるメカニズムは、実は代表制であるということに過ぎません。そして、その代表制による民主主義というものが生まれてからは、満足に代表されていないと不満を訴える人もいたわけです。完璧なメカニズムなど世の中にはないのですからね。ですから、少々の危機的状態が断続的に続くことは、民主主義にとって、ある意味、当然と言えば当然なのです。

しかし、時にはそれが大きな危険をも招くことがあります。そうした困難な局面では、国民の大部分が、自分自身というものを見失ってしまうようなことが起きるのです。しかし、アメリカとヨーロッパでは、その状況はかなり異なっています。なぜならヨーロッパには、欧州連合という特殊な存在があるからです。それが存在するがゆえに、国家民主主義体制という枠に収まらず、政治的枠組みが広範囲に及んでしまっているのです。現在の市民たちの抗議の多くは、欧州連合の機能不全、すなわち、ヨーロッパの主権と国民主権との連関についての不満に向けられていると言えるでしょう。実際にある意見が過半数を超えるような場合、民主主義が真の危機状態に瀕する場合だと私は思います。

フランス人に今の民主主義の状態について質問すれば、80％が機能していないと答えるでしょう。これは大きな数字です。8割が、今の政治体制が国の障害となっている重要な問題に、まったく対処できていないと感じている……、まさに民主主義が、生きるか死ぬかの瀬戸際に立たされていますね。

## グローバリゼーションが生んだ社会の分裂

フランスにおける欧州連合との関わりは、非常にセンシティブなものです。フランスは欧州統合プロジェクトの提唱国でありましたが、このプロジェクトは今やコントロール不能となってしまっているからです。そのフラストレーションが溜まっているのです。

今日の重要な問題の多くは、外部との関わりの中にあるものと言えるでしょう。今の民主主義の危機はグローバリゼーションと密接に結びついていると思います。

グローバリゼーションとは、欧米世界の相対的な力の喪失であると表現されます。と同時に、それは大勝利だという考え方もあります。というのも、文化面、経済面、科学面において、世界を欧米化するに至ったわけなのですから。しかしながら、それは同時に、指導的地位を失ったことも意味しています。それが国民の中に大きな不安を掻き立てているわけです。なぜなら、グローバリゼーションは自らの社会の中に分裂も引き起こしてしまったからです。より簡潔に言えば、グローバリゼーションでもたらされた経済状況で利益を得て順風満帆、自らを完全な勝者と感じている人々と、一方で気分の悪い思いをしている人々との間に、大きな分裂が生じてしまったということになります。

## 欧州連合はなぜ機能不全に陥ったのか？

フランス国内を旅してみればわかりますが、繁栄する大都市のすぐそばに、瀕死のような思いで生きる人々が住む地域があるのです。失業率も高く、直接的であれ、間接的であれ、政府からの補助金をもらいながら生活する人々が多く暮らす地域です。そうした、未来がないと感じている人たちのフラストレーションもよく理解できます。

グローバリゼーションとは商品の流れだけに関係するのではなく、人間の行き来にも関係しています。ヨーロッパではブレグジット（イギリスの欧州連合離脱）を経験しましたが、今や移民問題は極めてセンシティブなものとなり、人々から抗議の声があがる直接的な原因となっています。こうした問題から受ける印象は、アメリカよりも、ヨーロッパにおいての方が非常に強いのです。人々は、国家権力はもはや大したことはできないけれども、欧州連合もやはり何もできないのだという感覚を持ってしまっているのです。さすがに国家主権の欧州連合への移行までは実際にはありませんでしたが、国民国家も欧州連合の最高組織も、今や行動力を喪失してしまったというわけです。

グローバリゼーションによって失われた主権を補完するためにできたはずの欧州連合が、今日なぜ機能しなくなったのか？　それこそが今、ヨーロッパ人に問われている最大の課題です。とても難しい問題です。それは民主主義が直面する難局のもう一つの側面でもあるからです。民主主義の原則とは、すべてのものについて議論し合うということのはずです。できるだけ威厳があり、人々からリスペクトされ得るような言葉で議論している限りは問題ないのですが、現在の状況はどうでしょうか？　今のヨーロッパの問題というのは、まさに、まず問題が提起されない、声をあげること自体がタブーになってしまっているということなのかもしれません。

もっとも、それはある意味では、良いことなのかもしれません。議論してうまくいかない可能性がありますし、議論することに意味がないのかもしれませんから。しかし、これこそがおそらく市民たちの大きな怒りの理由となっているのでしょう。彼らが非常に問題であると感じているのことについて、そもそも提起するのが禁じられているという感情ですね。こうしたことが、政治家たちの公式な発言と、自分たちが選んだ、あるいは選ぶべきだった人間だとは思えないと感じている国民の感情との間に断絶を生み、より助長してしまうわけです。これは非常に重要な要素だと思います。

フランスはこの点において極めて深刻な状況にあります。政治家、あるいは情報システムというものに対して、大多数の有権者からの信頼が欠如してしまっているからです。国民が自分たちに情報を与えてくれる人たちを信頼しているのであれば、たとえ政治家が不人気であったとしてもさして大きな問題ではないのですが、彼らは、信頼自体していないのです。政治的に得られる結果が散々なものになるという事実から、国民にポピュリストと呼ばれるような発言が生まれてくるのです。言葉の問題ですから、大した意味はないのですが、いずれにせよ、彼ら国民の多くは非理性的なのです。アメリカで言われる「フェイク・ニュース」を糧にして生きているわけです。しかし、彼らがなぜそうなるのか、その気持ちは理解できます。

彼らを改善へと導く唯一の方法は、欧州連合が機能不全に陥っていることについての問題を彼らに提起することです。この問題は非常に複雑で、何時間でも議論できるようなものですが、その根本的な原因は――、システムが実際に複雑だから……、そうです、システムが極めて複雑なのです。ヨーロッパが持つこの制度がどのように機能しているかを理解しているのは、5%以下のヨーロッパ人しかいないと思いますよ。これは重大な問題です。

## 戦略を欠いていた欧州連合の存在意義

民主主義体制の中においては、人々は制度がどのように運用されているのかを理解しようとします。ですが、欧州連合の場合、制度があまりに不透明なのです。根本的な問題は、非常に特殊な歴史的背景の中で大変同質的な6か国が参加して、このシステムを構築したことにあります。当時、共通市場と呼ぶ市場を立ち上げた6か国ですね。そして、正当な理由があったがゆえに、どんどんこのシステムの規模を大きくしていったのですが、歴史的背景がまったく異なる国々が参加するにもかかわらず、発足当時から予定していたメカニズムや、制度を変更することはなかったわけです。

発足当時は冷戦という状況下にありました。当初、ソビエト圏に対し西ヨーロッパを強化するということが課題だったのです。これはまったく正当なことであり、国民にも十分に支持されていました。当時のこうしたプロジェクトは、アメリカをモデルにしてヨーロッパ国民国家により考えられたものです。その後、今では加盟国が27～28か国に増えています。もっとも、イギリスを失い、小さくなりつつありますがね。まだ離脱はしておらず進行中ですが、すでに離脱したも同然ですよ。とにかく、ヨーロッパはグローバリゼーションという背景の中においてもそれまでと同じ制度を維持し続けようとしたわけです。そして、ヨーロッパにとっての問題は、もはやソビエト連邦、いわば全体主義的な体制と対決することなどではなく、経済が世界の最低レベルに落ち込んだことで生じたあらゆる問題の責任を取ることになったのです。

しかし、欧州連合の制度はそれに対処するためにはまったく適切なものではありませんでした。それが理解できていないのです。欧州連合は世界の中でも唯一、戦略的な側面を欠いた存在となっているのです。そうなると、もう何のためにあるのかわかりませんよね。そして、その規模が拡大するにつれ、同じ制度を維持したまま、さして重要ではない事柄に対処するために数週間、あるいは数か月という時間を費やすようになって効率性というものを失ってしまったのです。政治を執り仕切るということはすなわち迅速な決断を必要とするということにもかかわらず、です。私はこれこそが原因であると思っています。

## ポピュリズムの背後にある政治不信

主権とは、元来非合理的なものなのか？　まったくそんなことはありません。たしかに市民は容易に非合理的な発言をするものだと思いますが、非合理的な発言の裏には、ある問題について彼らの認識による合理性というものもあるのです。彼らはうまくは答えられないのですが、正確に質問することはできるのです。状況の真実を非常に合理的に認識しつつ、非合理的な回答をするということです。

ポピュリストの発言にも論理があります。私はこのポピュリストという言葉が嫌いです。それは大きな混同を生む原因に思えるからです。問題をひと纏《まと》めにしてしまい、さまざまな構成要素を分析することを妨げてしまうからです。そこには、注意しなければならない、まったく異なる要素があります。ポピュリストと呼ぶことができる政治勢力とその有権者の行動です。これらはまったくの別物です。この政治勢力というものは基本的には扇動的です。ですから、わざわざ新しい言葉などを編み出す必要などないわけです。民主主義＝デモクラシーというものが存在して以来、ずっとデマゴギー（虚偽の情報）というものがあるのですからね。私がこれまで学生たちに教えようとしたことは、デモクラシーの実際の定義は、複数のデマゴギーの競合相手がある状態のことなのです。デマゴギーが一つしかない時は、それは全体主義体制にあるということであり、デマゴギーの間に交代できる競争相手がいる可能性がある時、それはデモクラシー体制にあるということなのです。ともあれ、それはとても古典的な現象です。

例えば、ポピュリスト的な政治勢力とは、今で言えばオランダのゲルト・ウィルダースやイタリアのベッペ・グリッロ、そしてフランスのマリーヌ・ルペンなどを指しますが、彼らに共通する特徴は非常にありきたりなもので、その反論が単純で一面的な見方をする人間たちであるということと同時に、とても複雑な質問をする人間でもあるということです。しかし、他に良い選択肢がないがゆえに、有権者の行動は彼らに誘導されてしまっているのです。彼らは単に抗議のための一票を投じるというわけです。そうした市民たちの抗議とデマゴギー的政治提案の組み合わせというものが、何を意味しているのかわからない「ポピュリズム」という言葉の裏にすべて含まれているのです。ポピュリズムの背景にはエリートや政治家たちに対する一種の不信があると思うのですが、フランスではそれが当てはまります。

## 70年代半ばに進んだエリートからの権力の剥奪

第二次大戦後から30年ほど、70年代半ばまで、フランスは経済的にも成功していました。そしてその間、エリートたちは、とても長い間、大きな権利を享受してきたのです。まず、フランス文化の多くを形成したカトリックの聖職者至上主義という古くからの遺産がありますね。フランス人は教会の伝統的権威によって育てられてきたのですが、この伝統はとても重要なものです。ですから、知識人たちが「聖職者」(cleric) と呼ばれるのも偶然のことではないのです。つまり、彼らは聖職者の世界に属しているというわけです。現在はもはやそのようなことはありませんが、その威光は残っています。それに加え、国の指導システムというものを構築しました。それは非常に能力主義的なシステムでした。国立行政学院（ＥＮＡ）と呼ばれる学校に集約されるものです。この存在は大いに論争の的にもなりますが、同時に多くの人々が求めているものでもあります。少なくとも、この学校を卒業した人々の専門能力について、人々がとやかく言えないほど、彼らは優秀なのですから。そして同時に、フランスは昔から産業界に大きな問題を抱えていました。昔から優秀なエンジニアたちがいたにもかかわらず、社会的に彼らが優遇されることもなく、問題が放置されてきたのです。フランスでは、この「エナルシー（国立行政学院ＥＮＡをもじった呼び方）」というテクノクラシーが、国を近代化に導くことができたわけです。

ところが70年代中頃からの状況はまったく変わります。多くのフランス人が、社会のトップに立つこれらテクノクラシーのことを理解しなくなったのです。そして、ちょうどこの時期に新しいグローバル世界が生まれつつあったのです。ゆえに、フランス人はグローバリゼーションへの転換期を逃したのですね。よく理解できていなかったからです。企業の中には大成功を収めたところもありますが、この国は政治的、文化的な理由からこのグローバル世界に抵抗する術《すべ》を知らなかったのです。いまだに抵抗してはいますがね。しかし、目標に到達するまでの道のりは長いです。というのも、さまざまな改革が小さな結果にしか結びついていないか何の成果もないことが原因で、社会的な闘争が常に続いているからです。こうした結果、大きな権力を享受していたエリートたちはその資格を剥奪されました。国家を繁栄に導く方法を知らなかったという理由で徐々に暴力的な方法で問題にされていきました。ただそれだけの理由です。大きな変化があったと思いますが、それが今深い遺恨になっているのです。

## 表層だけに終わった五月革命

１９６８年の五月革命にあまり意味を持たせすぎることは慎むべきだと思います。あの出来事には二面性があり、政治的かつ社会的な出来事だったのです。この二つの面から見ると、この革命はまったくの別物です。

政治面から見れば、あれはフランス革命最後の高まりだったと言えます。しかしながら、あくまでもそれは想像上の革命です。本来の意味での革命ではありませんでした。誰も殺していないのですからね。だからといって、他の場所で革命が今後起こらないという意味ではありませんが。要は、フランス革命が最後の燃え上がりを見せ、その後燃え尽きたということです。私たちフランス人はもはや革命家ではありませんよ。その火を絶やさないために、若干数名の人物がまだたしかに戦い続けてはいますがね。主にミュージカル役者や本物の政治家などが伝承のためにやっているわけです。私たちはこの伝統を愛していますからね。この国では特に知識人がこの伝統を愛しているのです。とは言っても、もはやそれに真の政治的影響力などはありません。

そして、この政治的な一面に、実は権力に対する抗議、あるいは個人の自由の表明という意味においての社会的な面、社会の変化というものがあります。ご存知のように、フランスはとても矛盾した国です。無政府主義と権威主義を同時に求める国なのですから。時代によってその針が大きく振れるのです。そうした中で絶対自由主義の大きな動きというものがはっきりと現れ、それが68年から広がっていったわけです。この動きはフランス社会を完全に変えてしまいました。フランス社会というのは、元来は軍隊的な社会、軍隊的な命令の社会であり、実際ヒエラルキーの社会でした。ド・ゴール将軍はまさにこの根強い慣習の権化ともいうべきものでした。しかし、今ではこの慣習は完全に消滅してしまったのです。また、この国ではかつては家族の役割というものが極めて厳格に守られていました。

しかし、やはり女性解放というもの、同じく若い世代の解放というものもまた、この辺りの時代から始まり、すべては終わったのです。大きく変貌してしまいました。その反面、フランスはまさに政治の面において、長きにわたり根本的に独立の意志を持ち続けていたのです。ド・ゴール将軍はアメリカとソビエトが対立していた当時も独立の立場を表明していました。そして、こうした独立の意志というものがグローバリゼーションの転換期にも現れていたのです。これは具体的な日付を振り返ってみればわかることです。と言うのも、イギリスでは79年5月にマーガレット・サッチャーが首相に選ばれました。選ばれたというより、選挙に勝利し首相になったということですね。そして、80年11月にロナルド・レーガンがアメリカ合衆国の大統領に選ばれたわけです。しかし、私たちフランス人は81年5月に共産党との連合の名の下、フランソワ・ミッテランを選びました。資本主義と決別するという意図を持ちながら、急進社会党の名の下に新たなプログラムを発表したわけです。居心地は良かったですよ。このような冒険に身を任せたのは私たちが最後でしょうがね。結局、それは長続きしませんでした。これについては、今さら何も言う必要はありませんね。

今日でさえ、フランスの左派陣営の中ではこうした事実は認められないままなのです。この転換期に直面した時の困難が大きかったことは明らかですが、フランス人は彼ら左派がグローバリゼーションという名の強力な資本主義に抵抗し続けてくれると思っていたのです。このグローバリゼーションという新しいゲームの規則は他人のためのものであって、自分たちのものではないとフランス人は考えていたのです。彼らは身を守る手段はあると信じていた、つまりは実際それゆえに事が深刻になるわけですが、欧州連合がグローバリゼーションと戦うことができると信じていたのです。しかし、現実には欧州連合は、グローバリゼーションを拡散させる媒介の一つでした。そうなると、今日、フランソワ・ミッテランと交わした約束事をまったく守らなかったヨーロッパに対するフランス人の両極端な愛と憎しみというものの意味がわかるのです。

## アメリカ、イギリスに続きフランスも反グローバル化へ

フランス人は、いろいろな側面を持ったこの転換期をコントロールする独自の方法を見つけることができなかったのだと思います。そこには誰もが従うべきゲームの規則があるとはいうものの、国営化された企業が民間の企業より効率が良いなどとは誰も信じてはいないのです。ゆえに、以前に戻ることなど絶対にないでしょう。フランスでは特に国営企業というものはそうしたイメージを持たれているものですが、はっきりとそう言うべきだったのです。本当のこ

とでしたから。私たちとはまたスタイルは違うとはいえ、イギリスでも事情は同じでした。イギリスでは労働組合が規則をつくっていました。しかし、フランスでは商業的に効率が良いかどうかなど、意に介していなかったエンジニアたちが、採算など度外視し、彼らの興味で大きな航空機をつくったり、大きな原子力発電所をつくったり、好きなものをつくったりしたのです。そのような時代はほどなく終わります。もう二度とやってくることはないでしょう。物事には受け入れなくてはならないことがあり、世界的規模の経済解放の動きがあり、自然の順番で自由貿易を支持することになったのだと思います。その中で独自の道を見つけることもできたはずなのです。グローバル世界に適応すると同時に、特殊な歴史的遺産と社会モデルを組み合わせながら、独自の道というものを見つけることもできたはずなのです。

しかし、私たちはその道をたどらなかったからこそ、今、二つの障害にぶつかっているわけです。止まるところを知らないグローバル世界から来る障害と、機能不全の歴史的遺産です。現在のフランスの不幸の原因です。私たちは何かを逃したということです。最終的には遂行できるかもしれませんがね。私の理解が正しければ、五月革命の後、この絶対自由主義の動きにより社会は変化しました。その反面、政治の世界はその流れに逆らい、この変化に対し偏狭な態度を取ったのです。それはフランスの不幸に加担する結果を招いたのかもしれません。社会の変化と外部の環境との間にズレが生じたからです。二つの要素を同時に連動させることができなかったのです。

私たちは衝突のある社会にいながらも、同時に集団的権力と個人の自由のバランスが釣り合った世界にいました。明らかにフランスは個人の自由のある社会だったのですが、同時に集団的権力の社会でもありました。フランスの特殊性とは、国家の役割が非常に大きいのと同時に、基本的に家庭の役割も重要だったということです。しかし突然、閃光のような速さで数年の間に集団的権力の一切ない世界に移行してしまったわけです。以来、国家権力は絶えず激しく攻撃されるようになりました。国家の決定を実施させることさえ容易にできなくなったのです。それをまさに反映するさまざまな例が日々のニュースに現れています。国家権力は、ある状況下において統治する者として大きな力を持ち、戦争時には国民を動員させていたわけですね。しかし、今やそうした国家権力は完全に消滅しました。ひそかに存在はしていますが、もはや威力はなく、人を強制する力もありません。

たしかにこの社会、特にフランスにおいては受け継がれてきた遺伝的特性というものがあります。先ほども触れたように、フランスは非常に無政府主義の傾向が強い国です。この国は反乱や革命を行うのですが、必ずしも何かに到達しているわけではありません。常に社会問題をめぐり活動しているというわけです。こうした側面がこの国を突き動かしてきたわけですね。しかし、今も依然として問題は残ったままなのです。力関係は今や完全にバランスを失ってしまいました。いわば集団に反発する個人の世界から、権力を持たない集団的なものを求める世界へと移行したのです。

覚えている数字があるのですが、「国は秩序を回復させるために力のある者を必要としているか」と質問したところ、フランス人の79％が「はい」と答えているのです。これは権力に期待していないこの風潮での回答としてはとても奇妙なものですが、フランス人の根底にあるものが表れているように思います。私たちの民主主義は、私たちの民主主義ではもはや生み出すことのできない権力を求めているということです。それはある種、濃度が薄められた集団のようなものであって、人々がある時にその必要性を感じるものです。このようなグローバル世界においては、なおさら、私たちを守ってくれるプロテクターとしてこうした集団の必要性を感じるのです。そのため、すべての個人が頼れる集団がないという大きな不安が生まれてしまうのです。

## 誰もが生き延びようとする時代の厳しさ

ホッブズは、恐怖が権力、秩序、すなわちリヴァイアサンという怪物を求めるのだ、と言っていますが、現在は、ホッブズの指す意味とはズレがあると思います。ホッブズが言ったことは、当時のヨーロッパの話ですから、イギリスの内戦の根底には宗教戦争があると考えていたわけですね。私たちはもはや、軍隊的な暴力という意味における争いの中には生きていませんから。しかし、私たちは相変わらず「競争」状態にはあるのです。これこそが、グローバル世界や個人主義世界の法則なのです。「競争」とは、争いの「ソフトモード」とでも言うべきものです。競合相手と肉体的に戦ったり、攻撃したりすることはありませんが、大きな緊迫感があります。

誰もが生き延びようとしています。やっぱりそれは厳しいことですよ。実際、現在の状況においても、ホッブズの方程式が別の次元で機能していることがわかります。私たちは、私たちを保護してくる役割を果たす集団組織を必要としているからです。同時にその組織は権力として、個人間の競争、不正競争や生産性に対して制限をするものでもあります。

民主主義とは、そもそも、互いに矛盾するものの間での均衡を実現させなくてはならないという体制なのです。個人の自由がある限り、個人が競い合うことは避けられないことです。しかし、こうした競争とは、ある時期に差し掛かると破壊的なものに変質します。したがって、避けることのできない当然の競争と、誰にとってもメリットがあると定義される権力とをうまく組み合わせることができるようにならなければいけないのです。完全に平静な民主主義など存在し得ないわけですからね。しかし、それは容易なことではありません。

競争とは極めて破壊力のあるものですからね。皆、競争と協力のバランスが必要だとは十分にわかってはいるのです。そんな中で、フランス人の最大の欠点は何かと言えば、そのメンタリティーに関する国際比較研究ですでに知られてはいるのですが、それは非協力的な国民性ということになります。協力こそが、フランス文化に極度に欠如しているものなのです。フランスにおいては無政府主義、すなわち制限のない競争と容赦ない権力との入れ替わり、立ち替わりが続いているのです。それがフランスの伝統です。競合、競争に協力を混ぜ合わせたものが、フランスの文化には欠けているのです。今日、こうした背景の中でフランスの状態が深刻であることは、はっきりとしています。

多くの人がこの問題について論じています。例えばフランスの教育システムは、ご存知の通り、競争原理に基づいています。ゆえに、私たちは協力的な国民だとはまったく言えないわけです。そうした競争の文化というものが学校教育の中に定着してしまっているので、子供たちに協力的関係を結ぶことを学ばせようとしても、なかなか大変なのです。

## 政治の役割は問題解決ではなく、問題提起

もちろん民主主義にも利点はあるとは思います。民主主義とは経験で学んでいくものです。私たちには思考能力が備わっています。自己批判し、限界を知り、うまく機能していないことを理解することもできます。つまり、そこから学んでいくわけです。別のことをするために変

えていくわけですね。それはこの国にとって、ちょっとした挑戦でしょう。フランスの政治にとっての問題とは、私たちは変えたいとは思っていても、その方法がわからないということです。変えるべきだということは皆、理解しているのです。誰もが変革についての話ばかりをしますからね。ただ、どのようにそれを行うべきか？　誰もわからないのです。これが私たちの置かれている厳しい状況です。これははっきりしています。誰もが、大部分が古くさくなってしまった歴史的モデルの限界というものを感じているのです。たとえそこにいろいろな長所があったとしてもです。

長所を守ることは重要でしょう。でも、それは今までとは異なる他の道を切り開くため、です。政治は本当に説得力のある合理的な提案ができなくなってしまっています。それは政治家に期待すべきなのでしょうか？　市民社会が取り掛かることもできるのでしょうか？　習俗や社会の中にある問題の解決策を政治権力に期待するべきではないのです。当然のことです。権力は教育者ではありませんし、彼らは本当に考えていることなどは言わないものですからね。とはいえ、そこには微妙なニュアンスの差違があります。もし、政治権力がそうした問題や社会が実際に何を求めているのかを理解できないとしたら、あるいは、社会が変わることに協力することができないとしたら、これはあくまでも例ですが、社会の中で変革というものを起こすのはなかなか難しくなるでしょう。権力とは解決策ではありません。しかし、それが、問題になってしまうこともあるのです。果たすべき役割を果たさない、社会をサポートしない、あるいは権力自らがこの方向へ進んでいかないのなら、権力は問題となってしまうのです。特にフランスの政界の真ん中で繰り広げられる光景は、もちろん他国の場合も似たようなものでしょうが、まさに止まるところを知らない競争の世界です。人々は共通利益を無視し、互いに協力することもなく、自分たちの利益に、欲望に囚われているのです。

フランス人に望むことができるような協力的な模範行動というものはありません。しかしながら、彼らは社会の中でそれを求めてはいるのです。政治がそれを国民にもたらすことができるとは思いませんが、力になることはできます。民主主義における政治の本来の機能とは、問題を解決することではありません。政治家はその発言の中で、問題を解決するといつも言うのですが、それが役割ではないのです。彼らの役割とは問題を明確に提起することなのです。そうすれば、社会が解決するのです。社会にはその能力が備わっているのです。少なくとも、集団生活の中心にいる統治する側の人間が、社会にある問題を認識していることを示し、提起すべき問題のイメージを映し出して見せることが重要なのです。集団軸というものを定義し、そこに誰もが自分の梯子《はしご》をかけることができるようにするのが大事なのです。それは、誰かに指示されたりしなくてもです。誰も命令などしません。命令などなくとも、社会自体が行う作業を整理誘導するという作業はあるのです。こうした点が今、欠けているのです。誰もが問題を意識していますが、誰も解決策を見出せていません。

## 独裁と民主主義のミックスが今、力を持ちつつある

民主主義が滅びる可能性もありますよ。不死の証明書などはないのですからね。それは本質的な問題ですね。ある種のリベラリズムには、大きな格差を生む方向へ進む傾向がまずあるのです。それにより、最も優遇された人たちが民主主義の中においてシステムを操作する決定的な力を得ているのです。そして奇妙なことに権威主義を奨励するという傾向もあるのです。よく考えてみれば、結局は個人の権力の問題だからです。

今、私たちの世界では「デモクラチュール」(Democrature)と呼ばれる、独裁と民主主義をミックスさせた変わった体制が力を持ちつつあります。人々が望む秩序を回復させてくれるような「力のある人間」を求める非常に強い誘惑というものがあるのです。その方向へと後押しする何らかの動きがあるわけです。同時に「独裁大衆主義」(dicpopuliste)と呼ばれる、権力への抵抗に属する大きな運動もあるのです。非常に曖昧なものですが、これは国民が自治を行う権限に対する執着です。

両者の勝負の決着はついていませんが、それはとても緊迫したものになると思います。哲学者の一人でこの民主主義の不安定性を指摘したのは、19世紀の政治思想家アレクシ・ド・トク

ヴィルですが、彼が提案した打開策は、民主主義の世界におけるアソシエーション＝中間組織でした。

## 政治は政治を通して解決せねばならない

トクヴィル以降、世界は、大きく変わりました。彼が『アメリカのデモクラシー』などを著したのはすでに180年以上も前のことです。彼がアソシエーションについて語った内容は、アメリカにおけるあり方でした。トクヴィルは、自由と限られた領域に力が及ぶ社会権力を組み合わせた団体が存在する世界について語っています。限られた領域というのは、地方規模のとても小さな領域もあれば、もっと大きい規模のものもあります。今日の真実は、私たちがいる非常に個人主義が進んだ社会の中では中間組織が権力を失ってしまったということです。そうした団体は集団生活の中で重要な役割を果たすこともできます。規模を拡大し、重要な地位を得ることもできます。しかしながら、権力はありません。つまり、団体は現実に政治を動かす影響力はないのです。やはり、その解決策は政治の中にあると思います。そうである以上、政治以外からの何がしかのものが打開策になるなどと夢見るようなことを思ってはいけないのです。政治は政治を通して解決しなくてはならないのです。

権力を借りずに人間をどうコントロールするのでしょうか？　そもそもそれは可能でしょう

か？　何かしら神性のあるもの、または聖なるものに頼ることなく、人間は人間自身でコントロールできるでしょうか？　それは民主主義にとっての大きな挑戦です。最後の領域の話です。民主主義にとっての最終的な問題です。私は権力がなくても人間をコントロールすることは可能だと思います。なぜなら、有無を言わさず支配する神性の世界は消えましたが、それでも、人間世界の内部にはより高い価値が存在しているからです。この価値は何かを超越したもの、あるいは宗教の世界が持っていた支配力ではありません。しかしながら、人間世界の内部にある、より高い価値は、個人が進むべき方向を導く大きな力を持ち得るのです。

実際、私たちは今、個人の自由への熱望と、集団の必要性との間にある矛盾が最大限にまで膨らんでいる時期にいます。非常に緊迫しています。熟考することが求められています。集団生活の中に具現化されなくてはならない高度な次元を、自然の力に頼ることなく最終的に自らで構築していく作業を行わねばなりません。それはとても難しい作業ですが、私はできると思います。これこそが、私たちがいる民主主義体制の発明の新しい段階なのです。

## 本当に考えなければならない自由の意味

他の価値より優先される価値があります。それは、自由です。そして、そこには二つの側面があるのです。

人間の自由とはいったい何でしょうか？

まず、私たちそれぞれが自分の好きなように振る舞う自由です。私たちは毎日その自由を利用していますし、どの社会の中にも、この手の自由は多かれ少なかれ存在していました。

次に、自らの運命を決定する力という強い意味での自由です。運命を決定するといっても人間一人ではできません。中には一人で自分の道を見つける人もいますが。生きることが不可能な環境になれば、人間は集団自殺をすることもあります。個人が好きなように行動できる自由より、より高度な自由というものが必要なのです。そして、そうした自由は皆に共有されていなければ成立し得ないものです。誰も自分の運命を自分一人で決めることなどできないのですから。自分の運命というものは社会の中での他人との関わりの中で決まることです。現在でいえば、グローバル・コミュニティの中において決まるのです。私たちは辺境にある小さな国で生きています。私たちは勝手に生き延びます、みなさんわかってください、などという話で済むものではないのです。私たちはそれぞれ互いに結びついているのです。真の自由というものはそこにあるのです。その自由にできるのは、個人が自身の領域で提供できる以上に、より高度な目的を決定するために互いの自由を集結できるようにするということです。

私たちは今度ばかりは本当に自由が何たるものか学び始めたように感じます。自分の運命に影響を与える力というものが何かということをです。それは、もちろん集団の中で発揮されるものなのです。

## 「理性」が機能していないから民主主義は沈滞する

そのためには他人を信頼しなくてはなりませんね。それが理想であると思うのですが。フランスの世論調査では、フランスは信頼社会ではないと評価されています。例えば、北欧諸国では社会が信頼の上に成立しています。遠くから観察する分には、同じような問題があって、民主主義や自由を支えるには信頼がすべての完璧な解決策ではないようです。日々の生活の中でこうした問題は大事なことです。しかし同時に、そうした問題を避けるための方法があると思います。それは上からの方法です。

少なくとも、たとえ互いに信頼し合っていなくても、それを調和させるためのツールはあるのです。「理性」ですね。論理的な診断に到達するための手段とでもいうべきものです。科学の世界では同僚を信用する必要はありません。そもそも、科学者は何も信用していませんがね。同僚たちが言っていることをすぐに確認しようとし、同僚たちと同じ結果を手に入れるわけですからね。それが大事なのです。ですから、論理的な診断を行う能力と論理的な解決を提案する方法とにより、信頼の欠如という問題を克服する方法があると私は思います。これは大変難しいことであり、無意識に達成され得ることではありません。例えば、皆が見る、影響力の大きいテレビニュースで素晴らしいと言ったところで手に入るものではないのです。しかしながら、それは達成できることだと思います。民主主義の真の力というものは、この共通の理性の中にあると私は思います。隣人や競合相手などと直面した時に考えつくさまざまな悪があったとしてもです。重要なこと、必要なこと、理性によって正しいとされることに人は自らを調和させることができるのです。隣人と問題を共有するという条件付きで、ですよね？　それこそは「理性」が言うべきことなのです。「ここに問題があるのは明らかだ」とね。しかし、まさにそれが今の私たちにはできていないのです。それゆえに、民主主義というものが沈滞しているのです。フランスはその典型です。改革をするために根拠にした診断についてさえ、皆の意見が一致しないのです。ですから、改革が成立しないわけですね。

今日の政治がまずやらねばならない一番大きな仕事は、問題のある部分やより良い理性的な方針について、人々に共有される診断を確立させるということなのです。それは科学的合理性というものではないにせよ、明らかに政治的行為の中にも合理的な部分はあるのです。やはりそれは、追い求めるべきなのです。

## イギリスで発明された「言葉での戦い」

これは知識人として発言しているのですが、私にとって民主主義とは理想の世界であり、そこで人々が同意に至っていないことを議論するのが面白いのです。正反対の意見を持っている人と向き合い、議論で対決するのはとても興奮することです。ですから、私にとって、民主主義とは人類の文明の最高の形態だと言えるでしょう。人類とはいろいろな種の人々から成り立っているのであって、民主主義とはそれを克服できる手段なのですから。違い、対立、矛盾、根本的な多様性といったものから何か創造的なものが生まれ出るのです。そのおかげでまず人生の魅力が得られるのです。それに加え、文化を発展させ、私たちを集結させてくれるものなのです。

しかし実際に、民主主義の世界では意見の対立する人々が議論できていたわけではありませんでした。始まりは、18世紀イギリスの議会でした。それはまさに素晴らしい発明でした。ですから、イギリスの議会は世界中の注目を集め、世界を魅了したわけです。なぜなら、その当時の世界の戦いは、決闘で殺し合うというものでしたからね。しかし、そこでは「言葉」により戦ったわけです。それはただの戦いではないのです。そこでは議論が深まるにつれて新しい何かが現れたのですから。例えば、ムッシュー・ピットとムッシュー・フォックスという人間が相対峙し、「言葉」というもので対決しました。新しい世界が開けたように人々は感じたわけです。彼らには能力がありました。もちろん、見応えもありました。とても重要なことです。彼らは俳優のようなものでしたから。

しかし、そうしたセンスは現在の政治からは完全に失われてしまいました。もはや有名な雄弁家はいませんが、例えば、バラク・オバマ前アメリカ大統領などはまるでこの時代から蘇ってきたような人でした。というのも、彼は俳優のような素晴らしい話し方で聴衆を夢中にさせましたから。しかし、彼は珍しい存在です。今のフランスにたくさん必要だと思われるような人でした。もちろん話し方だけでなく、その演説の内容も大事ですけれども。

もし今日、うまく構成され、技巧が凝らされ、わかりやすく、説得力があり、私たちが気にしている問題に触れてくれるような政治家の大演説が聞けたなら、私たちはきっと驚き、感動するでしょう。絶対にそう思います。むしろ、そうした大演説といったものは大学の構内、あるいは地方の小さな組織などの空間では見られるのかもしれません。そのような能力を持っている人間はたしかにいますから。とはいえ、大抵の場合、そうしたものは小説の世界の中だけになってしまっているのがとても残念です。実際の歴史の中で生まれた当初のイギリス議会は、本当に素晴らしいものだったのです。

政治階級のリーダーに対する信用があるところは、社会がむしろ均一化されやすいものですが、フランスには、それが有効に働いた非常に特殊な条件が揃っていたのです。それこそが、民主主義に真のエスプリを与えたと思っています。大変な知識家であり、大衆から絶大な人気もあった社会党の政治家・雄弁家のジャン・ジョレスが１９００年代にフランスの下院議会で演説をした時などは、政敵も含めて誰もが彼の演説に聴き入ったものです。典型的な民主主義におけるパフォーマンスですね。

今も決して諦めてはなりません。私たちが知っているものとはまったく違うやり方による政治の再発明というものを私は信じていますからね。私たちは政治的退廃の季節にいるのです。どこもかしこもですがね。それは平凡な言い方ではありますが、運命というべきものでもないのです。

今は政治だけが危機的状況にあるわけではありません。アカデミックな科学、政治、社会生活、社会学も似たような状態です。私たちはもはやオリンピックの状態にいるわけではありません。大学の外の世界ではそれらについては意見もあまり一致していません。それは、とても残念なことです。

少なくとも、今はまさに批評の役割が必要なのではないかと思います。それは何も反対するというだけの意味ではありません。反対するということはあまりにも簡単だからです。反対するだけなら、わざわざ有名学者でなくても良いのです。誰にでもできることです。批評とは、信念といったものやステレオタイプのイメージや大衆生活に見られる凡庸性を解析したり、限界を指摘しながら検証を行う作業という意味においてのものです。まさに話し始める前に、二度熟考する必要があるということなのです。

「メディア政治」とも言える世界の中においては自動言語とでもいうのでしょうか、文章が自動的につくられるのですが、それらは何の意味もなさないものです。ですから、そのためにこそ、アカデミックな世界にいる人間の本来の役割はこうした言語要素を分析することだと思います。すなわち、そこに隠された罠を解明することなのです。事実を近くから子細に見て、それらの本質を明らかにすることなのです。それもまた長い道のりでしょう。ただし、不可能なことではないと私は思います。

思考、感情、そして欲望といったものはどれも一緒です。何かを欲望するのは思い描くことができるからなのです。どの領域においても、何かを欲するには思考というものがなくてはならないのです。政治も他の領域と同じものです。実際に感情は思考と一緒なのです。別々にすることはできないのです。その二つは絶対に切り離せないものだと思います。理性だけがあって感情がない純粋な精神などは科学にさえも存在していません。まさに人は情動的な理由で思考を維持しているのであって、理性的な理由からではないことを肝に銘じておかねばなりません。

# パイロットがいない飛行機のゆくえ

ジャン＝ピエール・ルゴフ
Jean-Pierre Le Goff

社会学者／作家（フランス）
フランス国立科学研究センター（ＣＮＲＳ）研究員
１９４９年生まれ

人々の価値観の変遷を鋭く分析し、現代社会の脱人間化を深く問う、フランスの代表的知識人の一人。専門は政治社会学。１９６８年の五月革命によってフランスが、現代社会が失ったものについて考察。闇雲な「近代化」への警鐘を、論文、小説、エッセイなど、さまざまな表現で表明し続けている。著書に『ポスト全体主義時代の民主主義』（青灯社）ほか。

あの時、何を得て、何を失ったのか？

## 自分のいる世界がわからなくなったフランス人

フランス国民は自分たちがどのような世界に生きているか、もはやまったくわからなくなってしまったように思います。彼らの目にはこの世界は広大なカオス状態に映っているのです。政治家ももはや大きな変化をもたらすことのできる存在ではないというイメージを与えています。国民は、一見鳴りもの入りの政策が単なる責任回避でしかないことに、気づいたのです。

例えば、今、しきりに変革と言われますが、いったいそれはどこに向かうことを意味しているのでしょうか？　相変わらずぼんやりとした問いがなされているのです。変革は何のためにするのか？　いったい、どこに向かうためのものなのか？　その答えの中にも曖昧さが滲みます。この曖昧さこそが社会の中に不安や、ストレスを生むのです。大量失業が生まれていることを考えても、問題は経済的であると同時に社会的なものであることがわかります。失業は失業者たちにとって、社会構造の喪失を意味するのです。

同時に、私たちのこの新しい世界がカオス状態にあることを、エリートたちが理解できない限りは、問題は政治的・文化的なものでもあると言えます。これは民主主義国家に漂う不安を理解するために重要な要素だと考えています。

## どの選択肢も無理のある時代

私たちは数年前から「選択不可能な選択」に直面しています。すなわち「不況から脱出するために危険を承知で行う積極的な政策」「停滞を打破するための果敢な企て」です。ここではまずこの世界に適応することが求められます。誰もコントロールできない混沌とした世界ですが、それでも適応することが重要なのです。

しかし、グローバリゼーションから締め出された社会階層の人たち、グローバリゼーションにおける敗者にとっては、こうした選択は取り得ないものです。彼らは、将来も変わらずコントロール不能な世界に適応することで、常に犠牲的立場を強いられるような話を支持できるはずがありません。ここに矛盾が発生するのです。一部の政治家は、国民に対してこのグローバル化された世界に適応しろと訴え続けているわけですが、彼ら政治家自身にはさほど問題ではありません。なぜなら、彼らは「開かれていること」「グローバル化すること」について十分な教育を受けた世界に生きているからです。

しかし、これは何かに守られ、常に安心したいという欲求を感じている人も含めた社会のすべての階層には当てはまらないものです。たしかに、こうした市民を守り、安心させるということは国の政策における根本的な責務であったわけですし、今後もそうあり続けねばならないはずなのですが。

EUがなぜこれほど障害にぶつかっているのでしょうか？　それは、そもそも、その成立が「積極的な政策」「果敢な企て」と一致するものだったからなのです。他に方法はないからやらなくてはならないのだ、進めねばならないのだ、常に後ろから何かを追いかけなくてはならないのだ、休むことなく適応していく必要があるのだという強迫観念からなのです。目標や目的が明確でない時にどの方向に向かって進めばよいと言うのでしょうか？　そこにあるのは、管理やコミュニケーションにおける積極的行動主義でしょう。「前進するのだ、適応しろ、変えろ！」と言い、重要なのはそこに参加することなのだというわけですが、自分たちがどこに向かおうとしているか見えていないのです。

実は、それ以外の別の選択肢もあります。「もうここで止まろう」「以前の時代の方が良かったではないか」という考えに基づくものですね。これは神話であり、かつての国家のイメージへのノスタルジーとも言えるものですが、文字通り、過去の栄光に思いを馳せ、想像上の過去を基にしたものです。おそらく他の多くの国でも同じだと思いますが、フランスにおいては社会そのものと国民が数年前からこの「選択不可能な選択」にぶつかっているわけです。

## 「選択不可能な選択」への大衆の反逆

私が「近代主義」と呼ぶ「積極的な政策」「果敢な企て」に対して大衆の間に反逆が起きて

いるのです。私自身は、世界への「適応」や「近代」というものに反対しているわけではありません。私が反対しているのは、近代の動きとは異なる近代主義の「前方への逃避」です。どこに向かっているかわからないが、とにかく前へ進め、適応しろ、という考えに対してです。今日、この前方への逃避に対する大衆の反発が、いわゆる「ポピュリスト」の流れと言えるのです。「やっぱり以前の方が良かった、やめて後ろへ引き返すべきだ」という考え方に基づくものですね。これはこれで現実的でないと私は思います。

実際、欧州で何が起きているのかをよく理解するためには、ブレグジットや、フランスにおける国民戦線や欧州における同じようなタイプのポピュリズムの台頭など、実際その事実が起こった背景に当てはめて出来事を考えなければならないでしょう。アメリカでのトランプ現象も同じ類のものです。

今日フランスで起きていることの本質には、30年ほど前から支配的になった文化に社会の一部がまったく関わっていないという問題があります。そこで左派が不意に足を取られたのです。社会的観点から言えば、左派は大量失業問題に対して明らかに十分な対応能力を示すことができなかったのです。同時に、価値観や習俗に関して、文化的革命の先端を行くイメージを与えていましたが、庶民層からの拒絶反応を引き起こしたのです。左派は、過去数十年の間、庶民層の正当な代表者であり続けたわけですが、今や、その関係は完全に絶たれてしまったのです。

すべてではないものの、おそらく今では左派の大部分が中間層のグローバリゼーションの恩恵を享受する人たちの代表者となってしまったのです。すなわち、開かれた価値観や生活習俗に文化、娯楽やパーティ、新しい個人主義的価値を持つ中間層の代表者というわけです。その一方で、この階層にまったく所属しない大部分の社会層が反発しているという構図です。

## 「選択不可能な選択」からどう抜け出す?

「選択不可能な選択」に直面する中で、私たちは政治の世界には、グローバリゼーションで得をしている人たちと、そこから締め出された人たちという二つに分裂したフランスを和解させてくれる政治家、あるいは活動をする人たちがいないと感じているのです。フランス、また一般的に欧州などの民主主義体制の国々には、国の歴史とそのアイデンティティの問題をあらためて問うような物語が欠けていると思います。

「我々はどこから来たのか? 何者なのか? どこに向かっているのか?」

政治において、この歴史的物語の問題は決定的なものです。もちろん、国家の歴史自体に意義を与えるためにですが、しかし現在この国は、この重要な物語をまったく欠いてしまっているのです。このことは、多くの民主主義国家に言えることでしょう。

とりわけ欧州の民主主義社会は、ある時に歴史を忘れてしまいました。歴史を忘れ、レースに参加するかのように、「前方への逃避」に短期間で適応することに没頭してきたわけです。「我々は適応しなければならないのだ」という言説と共に、です。

この近代化、改革、変革という考えも、意義を与える歴史的な物語の中に刻み込むことはできません。歴史的意義を持たない変革は変革などではなく、カオスでしかないのです。こうして国民のほぼすべての階層がそうした体験をしたのです。この新しい世界から利益を得ることができる人々ではなく、自分たちが知っていた国がもはや何だかわからなくなってしまった人々が、本当にたくさんいるのです。ですから、すべての問題は次の点に集約されます。過去へのノスタルジー的な回帰と、近代主義の「前方への逃避」との間のこの「選択不可能な選択」からどのように抜け出すかということです。つまり、過去・現在・未来へと橋を架ける歴史的物語をつくるために、どのように抜け出すか？　が重要なのです。

今のところ、この歴史的物語が大きく欠けています。そこから不安感が生まれるのです。つまり、この歴史的物語の大きな欠如が現在の民主主義における不安の要因なのです。

## 戦後フランス民主主義の変質

フランスの民主主義はいつ、どのように変わり始めたのでしょうか？　どのようにしてこの現在の状況に至ったか？　過去に遡り、私たちを急速にこの状況に至らせた過程を検証しなければなりません。

まず、第二次世界大戦後の社会の変化に気づくべきです。民主主義は発展し、その歴史の中でも前例のない、初めての段階に到達しました。数世紀も前から社会に取り憑いていた貧困や貧窮者の問題が産業革命以降解決されたのです。格差がなくなって全員が平等になったということではないですが。ただ、人々のお腹は満たされ、消費は進み、物質的にも満たされ、衛生・健康問題も大きく改善されました。

そして、戦後の1950年代、60年代は重大な転換期であり、いわば「消費」と「娯楽」の社会そのものとなりました。消費は娯楽と密接に結びついていますからね。ですから、社会は私たちが経験した戦争とは決定的に決別したように見えました。実際にはまだそうではなく、フランスにはアルジェリア問題があり、植民地戦争があったのですが。しかし、多くの人にとってはもはや第二次世界大戦は過去のことでした。

そして、私たちは新しいタイプの「個人」の問題に取り組むことになるのです。当然ながら、それは民主主義的な個人主義の発展から生まれた「個人」というものですが……。つまり、民主主義というものには個人が第一義的に所属するコミュニティから自由になることを可能にさせる、解放させる要素があるわけです。それは必ずしも、自らが属するコミュニティを否定するという意味ではありません。啓蒙主義的な意味における「自律」ということです。つまり、一歩引いた内省的または批評的観点から、自律的判断をすることができるということです。これは民主主義の良い面です。

しかしながら、民主主義には別の面もあります。『アメリカのデモクラシー』を著したトクヴィルも著書の中で説明しているように、19世紀のアメリカ型民主主義ですでに、右記の良い面があると同時に個人が個人主義に閉じこもる傾向も見られたのです。自分はどこにも繋がっていない、集団に同化もしていないと考えている個人ですね。

トクヴィルはアメリカを観察した上でこう説明しています。個人主義的で内に閉じこもる側面に対して真っ向から対立するものがあり、それが見識あるオピニオン紙や団体組織であるが、それらのおかげで個人はまた集団に復帰することができる、と。かつてのアメリカの状況はこのようなものでした。「消費」と「娯楽」ばかりが発展する転換期に起きる、個人が私的世界に閉じこもる傾向をどうするべきか？　個人の政治参加というものに対する関係が初めて変化するポイントです。

## 五月革命の「不可能な遺産」

1960年代に日本で起こった価値観の喪失に対して活動した知識人に、作家の三島由紀夫がいますよね。彼もこの典型だと私は思います。つまり一つの世界が終わり、新しい世界が現れる時、私たちはその時点で歴史から外れてしまうわけです。平和が訪れ、もしかしたらまた戦争が起こるかもしれず、原子力の脅威もあるかもしれない中、消費して、生きて、特に今この現在にだけ生きているのであって、もはや過去にも、未来にも生きていないという状況が生まれます。その意味で、決定的に重要だった68年の五月革命についても、当時の社会が置かれた背景を考えるならば理解可能と言えます。あの革命は栄光の時代であった経済的、科学的、技術的発展の時期に起こりました。新しい歴史的状況の中で育ち、戦争を知らず、消費社会を経験した若者世代が、その消費社会に少々反発したわけです。この文化革命は、大変重要な時期に起こりました。これは民主主義全体に関わる意味を持っていました。フランスではあの出来事を歴史から消したいという声も耳にしますが、意味がないと思います。歴史的転機を清算することなどはできません。

しかし、そこで起きたこと、68年の五月革命の「不可能な遺産」は、文化面においては、個人に関する概念や子供の教育についての概念などからの過激な断絶、とても重要であった習俗などの文化的な改革、そして、個人は完全に自律した存在であるということを明確にしたことです。極限まで個人の自律性を求める主張もありました。その一方では、支配と圧力の同義語のような権力の考え方や国家制度の考え方も現れました。それゆえに、国家体制の権力と個人との間に生まれた新しい関係が民主主義の真ん中で進んだのです。この関係の特徴は基本的に、両義性を持っています。

この曖昧さ、両義性が不安を生むのですが、これは68年五月革命の「不可能な遺産」に深く関係しています。この状況に、石油危機に発展していく70年代の重大転機の到来を加えねばならないでしょう。そして、永遠に続くように思われていた経済的、科学・技術的発展の栄光の時代が終焉《しゅうえん》を迎えるのです。文化革命に加え、進歩という概念自体の喪失、まさにこの時期に現れたエコロジーへの意識の高まり、進化の概念自体の危機と結びつくわけです。その結果、人類・政治・文化の基準の脱構造化を招き、それが集団及び個人を組織するまでに至ったのです。

68年世代の後の「ポスト文化革命」と拡大する大量失業が結びついた結果、集団と個人に関する人間の脱構造化に著しい影響を及ぼしたのです。そして、近代化への変化から取り残され、有益なグローバル化から締め出され、新しい社会階層の価値観や行動を共有していない階層があり、一方で、「素晴らしい、さあ、あそこに進もう！」と近代化に向かって先端を行く社会階層があるわけです。ただし、この状態はもはやうまく機能しません。今日、私たちはこの歴史的サイクルの終わりにいるからです。

## 自由主義経済と人権の理想モデルが崩壊した

もう一つ、重要な要素を付け加えておきます。89年の「ベルリンの壁崩壊」です。ある時期に民主主義全般について「純粋な期待」がありました。この、現実離れした精神主義とも言うべきものはいったい何だったのでしょうか？　共産主義はある時自ら崩壊しました。これは決して忘れてはいけません。当時、共産主義の最期は、歴史的に新しい時代の幕開けのように見えましたが、それはほぼ歴史の終わりでした。物語の結末として展開されたテーマだったのです。歴史の終わりとは悲劇の幕引き、戦争の終わり、共産主義と資本主義の対立の終焉でした。何のための終わりだったのでしょうか？　非の打ち所のない平和的世界のヴィジョンのためにです。これはほぼ地球上のすべての人々が次の二点について、調和する機会となったのです。まず、現在唯一で主要なモデルとしての自由経済主義、そして人権です。一つの概念として非の打ち所のない人権は当然のことながら世界で最も共有されるはずのものですが、明らかに今そのような状況にはありません。ある数年の間、非の打ち所のない、理想のバブルに沸きました。この夢は、すんなり民主主義に適応したように見えましたが、ほどなく弾けて二つの出来事が起きたのです。

一つは2008年の経済危機、サブプライム問題です。この時期、もうすでに私たちは喜びに満ちた自由経済主義、または幸福なグローバリゼーションの時代の中にいるわけでないことがわかりました。もう一つ、今日のテロリズム危機は重大です。全世界を巻き込む戦争が特に中東、極東地域で勃発するリスクが拡大しています。そして、この経済バブルやこれらすべての出来事から多様な思考が生まれてきました。理論的な思考、世界を理解する思考、国民との関係を理解する思考などですが、こうした考えが今ぐらついているのです。

　私たちは今、一つの歴史的サイクルの終わりに立ち会っています。これから起こることが必ずしも良い方向であるということではありません。私たちは何も知り得ないからです。すなわち、私たちは崩壊と再構築の時代にいますが、現在、その崩壊局面の意味は極めて深いのです。フランスを含め、私たちの国の多くが今、政治の崩壊に直面しています。同時に政治、社会、文化における断裂があります。例えば、フランスにおける極右政党「国民戦線」への投票などはその象徴的なものでしょう。これは他の国にも見られることです。この崩壊の時代、混乱とカオスの時代は、どのような出口に繋がっているのでしょうか？

　何よりも重要なのは、私たちが置かれている状況を明確に理解することです。政治家も知識人も、ありのままの世界について考える責任、そして可能な選択肢を提示する責任があります。つまり、可能な選択肢を明らかにし、「選択不可能な選択」を拒否することです。「前方への逃避」、つまり誰もがこれはもううまくいかないとわかっているのに続けていくことはやめなければなりません。もしくは、過去へ後戻りするのも同じように無理です。つまりすでに伝説になった良き時代、今この状況で戻っても機能しないだろう時代へのノスタルジーも捨てねばなりません。

そこで今、本当の意味で、知識人たちの力が必要になってきているのです。彼らは政治を変えるのではなく、今の世界について誰もが理解できるように力を貸せるのです。

民主主義にとって、他の可能性ある道を探ることです。

## 民主主義の健全なバランスを失う時

フランス革命はもちろん、民主主義を誕生させた革命です。私にとって二つ目の革命、68年五月の文化革命は1789年のフランス革命と同じぐらい重要な意義を持ちます。どちらも民主主義全体に関係しているからです。しかし、その遺産の意義が大変批判的に問われています。硬直化していたそれ以前の官僚主義に比べて、官僚の領域と人間関係の中には自由がもたらされ、少々尊大で神聖視されていた国家は民主主義の発展によってその権威を失墜させました。同時に五月革命及びその後に続いた抗議運動の数年は別の方向へと大きく転換しました。

「私たちがいる社会は何なんだ?」と多くのマルクス主義的分析により批判が巻き起こりました。それ以外にも68年五月革命について問われたことは、「近代化はなぜ必要なのだろうか?」「どこを目指していけばいいのか?」ということでした。この革命は単に不平等を告発しているだけのものではありませんでした。当時の労働者階級の分析からは、36年にフランス全土で起きたストライキを彷彿させますが、時代はすでに36年ではなかったのです。68年五月革命には新しく前例のない立役者たちがいたからです。すなわち、若い学生たち、この新しい社会の生活について実存主義的な問いを投げかける青年階層が立役者だったのです。

これは、とても大きな影響を及ぼしました。しかしながら同時にこの影響は分裂も生んだのです。社会階層における分裂です。特に新しい層と大衆層の分裂です。この新しい層とは、政権につく左派政治と文化的側面と共に80年代に全面化しました。これがこの社会階層分裂の重要な基点です。

## 「ポスト五月革命世代」の皮肉

他国と比較すると、フランスは国家によって構築された部分が大きいのです。そして、対立というものはいつもデモを通して表面化してきました。フランスには常にこういったイメージがあります。同時に常に政治的意識の高い国民であり、まだまだ政治に関心を持っています。現在でもその片鱗は見られます。

二つの革命を通し、人々はいつも自分たちがどこへ向かっているのかわからず、歴史の別のステージに移らなくてはならないという感情を持っていたのですが、そのステージに向けた一歩を踏み出すのはとても困難なことでした。今のこのステージから抜け出すということ自体がです。

新しい世代について触れましたが、一言付け加えると、この新しい世界から生まれた世代は、かつて存在していた旧《ふる》いイデオロギーとかつて存在していた進歩の考えに大きく幻滅した時代の中で生まれてきたと思います。例えばミシェル・ウェルベック（1958年生まれ）、彼は大変興味深い作家です。彼は五月革命後の最初の世代が抱えた失望を描いているからです。彼らは五月革命を経験していませんが、彼らにとっては歴史の最後の大きな出来事だったからです。その代わりに、彼らは重要な文化的な変革の時期を経験しているのです。失業問題などについては言うまでもなく、彼らのような世代にはこの世界はすでにバラバラになっているように見えていたのです。この新しい世代はかなり幻滅した、イデオロギーのない世界に生きています。ある意味それも良い面と言えるでしょう。結局、それは伝説的な壮大な物語の終わり、イデオロギーの終わり、衝突の終わり、戦争などへの犠牲的参加の終わりだからです。彼らはこれらすべてがなくなった世界に生まれ落ちたのです。

しかしそれとは別に、積極的に何かの方向を目指すことが難しい側面がありました。そのため、私は、この新しい世代は崩れ落ちた瓦礫の世界から生まれたもののように想像するのです。その世界には石の塊が転がっていて、この石の塊がイデオロギーの名残りやマルクス分析の名残り、キリスト教の名残りのイメージに重なるのです。何もかも何かの名残りです。

新しい世代は継承との大きな断絶を経験しています。彼らはあちこちに広がる遺跡の世界に生まれ落ちたからです。再構築のない世界に、です。彼らは何をすべきか？　何ができるのか？　そこで彼らは石を一つずつ集め、これら形の違う石で背骨を築き始めました。この個人、ほぼポストモダンとも言える個人たちは、あたかもパッチワークのようです。これはこの新しい世代の精神に対する批判では決してありません。是非はともかく、これが今の社会の状況なのです。思想の流れや政治の流れを旧い仕組みの中で再現させることの難しさというものに私はとても驚いたのです。それは完全にはうまくいきません。例えば、右派を支持しつつ、状況主義者を信奉するようなものだからです。あるいは、右派を支持しつつ無政府主義者であることや、保守主義や新保守主義に関しても同様でしょう。

もはや旧くなって機能しない政治的、文化的なものからの断絶、そこからの、奇妙な再構築もありました。それは派閥やアイデンティティといったものがとても安定して見えると同時に、とても観念的でもあった状況を経験した旧い世代の人たちにとっては受け入れ難いものになっています。つまり、私たちは今、そういった時期にいるのです。

## 国家は今、自国の歴史を語ることができるのか？

かつては、共通の価値観というものがありました。つまり、たとえ対立が激しいものであっても背景には同じ参照すべき歴史の物語を持っていたのです。例えば、左派と右派に同じフランスのヴィジョンがなくても、それでもフランスであることに変わりはありませんでした。それは共和国モデルでもありました。

現在、提起すべき問いとしては、意見は常に一致せず、対立が拡大する一方で、歴史的、文化的背景が散り散りになってしまったことが挙げられます。このことをこそ理解すべきなのです。継続性と同時に非継続性があることに気づかねばなりません。例えば、五月革命にはフランス革命との間にいくつかの共通点がありました。そして、五月革命はフランス革命からの継続性の中に位置づけられはするのですが、同時にその継続性の終点ともなったのです。というのも、五月革命の際のバリケードにはカタルシスの芝居がかった側面があり、過去のフランスのすべての歴史を再演していたのです。すでに当時はまったく異なる社会だったのであり、彼らは、社会は完全に変わったと言う必要があったのにもかかわらず、です。しかし、彼らは芝居を演じていたわけです。生意気な小僧たちがバリケードに立てこもっていたのでした。しかしすでに68年という時代でしたから、装甲車が出動して彼らを一掃したのです。その矛盾を象徴するように、バリケードを組んでフランスの歴史的場面を再現しているのと時を同じくするある日、ゼネラルストライキでガソリンの供給が切れてしまいました。しばらくしてガソリンが出回り始めると、彼らは車にガソリンを入れたわけです。そして彼らは何をしたのかと言えば、車に乗って浜辺へドライブしにいったわけです。その同じ人間が革命を語っていたのですよ。つまりはそういうことだったのです。

五月革命は、今となっては本当に歴史的な瞬間でした。国家の物語を学んだ世代が歴史から影響を受け、過去のすべての歴史を再演していたのです。彼らが当時置かれていた歴史的状況は昔とは根本的にまったく違う状況であったのにもかかわらず、です。今日でもフランスにはいろいろな運動があり、市民運動と呼ばれるデモがありますが、そこにある問題は、いつも想像において何かを再演しているということなのです。左翼、極左、左翼急進主義などいろいろと思い浮かびますが、彼らの市民運動は社会運動として重要であるように捉えられており、彼らはいつでも同じ壁にぶつかります。それは何だかわかりますか？　週末とバカンスです！　長い休みですよ。こうしたデモは通常6月か7月に終わります。続ければいいじゃないかと思います。そこで終わって、新学期が始まる9月にまた再開するのです。実はこれは五月革命の時と同じなのです。発言はとても過激なのですがね。

例えば、68年5月に街で衝突があった時には、たしか、あれはパリの警視総監のグリモーという素晴らしい人物で五月革命のキーパーソンでしたが、幸いなことに彼がいたおかげでその時は流血の衝突を避けることができたのです。死亡者は出ましたが、非常に少ないものでした。その時に彼は言っていたのです。「デモしている奴らも週末の休みはしっかり守っているな……」と。この意味がわかりますか？　彼らはガソリンが出回った途端に、ビーチに戻り、休暇を取った後、また抗議行動を再開したわけです。大学の夏季休暇が始まると、彼らの急進的な精神もその夏休みの山を越えることはできなかったということです。そして抗議行動は新学期に再開したわけですね。すなわち、フランスは長きにわたり、妄想的革命とでもいうべきものを頭の中で経験してきたのです。部分的に、これは今という新しい社会の中においてもまだ若い世代の中で続いていることです。毎回のようにです。これは象徴的な話だと思います。

極左とされるジャン＝リュック・メランションと市民運動も悪くはありません。しかし、彼らもバカンスにはその活動をやめて、バカンスが終わればまた再開するだけですよ。ですから、民主主義の大きな難しさとは、まさにその本質に関わることだと思うのです。つまり、一致しない意見があるにせよ、それは国家と和解することも含むのであり、そういう意味で民主主義はロマンチシズムだけではやっていけないということです。その基本的な思想には、千年王国思想の未来や予言的な要素も、メシア的な要素も含まれないのです。

## 欧州連合によりフランス独自の歴史が欠如しつつある

共産主義や社会主義とは歴史の進行形のヴィジョンでしたが、さらに向こう側へ移ってしまいました。とにかく、国家に、歴史が欠けていると思うのです。ですから、幾らかでも歴史の要素を再び挿入する必要があります。とはいえ、それらはメシア的な歴史でも千年王国思想的な歴史でもなく、ユートピア的なものでもありません。そこに民主主義の難しさがあるのです。全体主義体制に比べて民主主義の特殊性はそこにあります。全体主義体制は未来に向けてあるヴィジョンを投影することはできていましたが、ユートピア的でもありました。

そして、いつまでも旧い理想国家やメシア的なイデオロギーを無意味に求める声があります。そんな理想国家もイデオロギーもとっくに崩壊しているのですが、それでもある若い世代からはそれを求める声があがるのです。人々は当然満足しているわけがないのです。彼らにとって国とは、ただ会計管理をするだけの存在であってはならないのです。例えば、経済政策はどのようにすべきかなど、経理とテクノクラシーだけでは十分ではないということです。国家は共同社会で生きている現実に意義を与えるべきなのです。それが大事なのであり、国家の物語のアイデンティティになるのです。

では、国家が自身で自国の物語を語る方法はあるのでしょうか？　例えば、フランスの物語は今日では欧州連合の中に含まれてしまっています。わかりますか？　つまり、独自の歴史が欠如しているわけです。今日に至るまで、フランスというのは伝統的に非常に喧嘩っ早く、政府や権力などに対して批判をする国でした。絶対王政の時代でも、フランス革命でも、パリ・コミューンでも、あるいは、1936年のストライキ騒動でも、五月革命でもそうでした。フランスの歴史という文化的基盤の上で、互いに闘争し、議論をしてきたのです。それは物語への愛着の表れとも言えるものですが、こうした物語自体についても異なる解釈ができます。左派はフランスの歴史において、ある種の出来事、選択された出来事を参照することができます。他のものに比べて重要な出来事です。右派にも同じことが言えます。特に右派は歴史の中の偉人の役割を中心に語れるでしょう。それに対して左派はより集団的な側面を強調することができます。ともあれ、矛盾することや対立していることがあっても、それについて議論し、喧嘩することができたのであり、それは時には激しいものとなりました。常にこの歴史的文化を背景にした対立が起こり、そこから何度も内戦に発展する危険もあったのです。例えばパリ・コミューンです。1789年のフランス革命もまさに内戦の様相を呈していましたし、特にアルジェリア戦争がそうですね。これはアメリカの南北戦争になぞらえるのならば、ある意味、フランス版独立戦争といったものでした。こうした側面があったために、フランスは常に内戦という観点で研究されてきました。同時に、常に人々が偉大な政治家と呼ぶ人物がある時期に出現したのです。ド・ゴール将軍のようなケースですね。歴史上、他にも挙げられますが、内戦を止めるためにそうした人間が現れるのですね。こうしたトピックスを参照すれば、現在に繋がる歴史が見えてきます。

## 西洋世界とは何だったのか?

それでは、今日ではどうなっているでしょうか? 国家の物語はすでにバラバラになってしまいました。背景に共通点がなければ、対立する問題ももはや同じ意味は持たないでしょう。これは共和国とその共和国についての物語の問題なのです。フランスは、そのモデルを激しく糾弾した過激主義者を除けば、共通の「るつぼ」から成立しているのであって、このるつぼの中では違いや不一致、対立が浮き彫りにはなったものの、依然としてその状況は続くのです。

ですから、今日、非難されているこのモデルの脆《もろ》さについて問うべきなのでしょう。そこに存在し得るリスクは非定型の対立といったものです。これは必ずしも内戦を意味するとは限らず、より激しい対立へと発展することもあり得るものです。というのも、私たちが生きているこの時代は大きな歴史的な脱伝統文化の時代だからです。私が思うに、この点は今日の社会的不安を理解するためにとても大事なものです。

そして、私たちが直面しているもう一つの問題、それは文明的な遺産の問題と言えるでしょう。これはかなりシンプルな問題です。社会、経済、それぞれの分野の適切な分析は置いておいて、それ以前にまず基本的な問題というものがあります。それは私たちが文明と遺産から得られた知識を疑うようになったということです。これらの知識が疑われるには理由があります。例えば、20世紀には二つの大戦がありました。全体主義、共産主義、ナチズム、ファシズム、そして、植民地戦争などがありました。ゆえに、西洋の文化はもはや過去と同じほどの自信と威厳を持って自らを肯定することはできなくなってしまっているのです。そうした「不信」も民主主義を構成する一部なのでしょうが、それが私たち独自の歴史や得られた知識にも影響を及ぼしているのです。同時に、この「不信」は20世紀後半の歴史的瞬間に「自負」へと大きく変化したのです。私たちは極端から極端へと移行し、完全に方向転換をしたわけです。

つまり、西洋世界のヴィジョンはその他の文明全体より優れているとされ、それまでとは反対に、全人類のあらゆる言葉の責任を負うことになったというわけですね。私はこれを「歴史の償いの幻想」と呼んでいます。つまり、英雄的な幻想、そして文明の慈善的な幻想に変わったとも言えるでしょう。

## 歴史の中で継承される遺産

私たちが過去に直面し、なおかつ今日も直面している問題は、数世代を通して私たちに継承されてきた遺産の中から何を大切にするかを知るということです。今日でも文化的相対主義はまだ存在していますが、かつてはもっと強い影響力がありました。この考え方は私たちの文化でないすべての文化の価値を認めるものです。もちろん、私は文明間の対話を促す対立には賛成です。文明間に対話があるためには、対話はこの言葉の真の意味において対決状態にあるべきなのです。それは必ずしも争いを意味するのではなく、それぞれが背負っている歴史が同じではないことを認めることなのです。別の文化と触れることは、私たちに何かをもたらしてくれるという意味においてとても豊かな経験となります。同時に別の文化と対話を交わすことで自分自身の中にある固有の繋がりから発している特殊性というものに気づくのです。別の文化に出会うこととは、私たち自身が空の状態の容器の中にいて完全で純粋な存在であり、すべてを受け入れるということを意味するわけではないのです。

私は、私を決定づけた歴史的繋がりの中から出てきたのです。私はそうした過去からの遺産を捨てることもできますが、たとえ捨ててしまっても、私自身は相変わらずその一部のままなのです。五月革命の世代はやはり反乱の継承者であることに変わりはありません。ある意味遺産を捨て去るとしても、それ以前に遺産を持っていなければならないわけですから、それはすでに受け取られていなくてはならないのです。

この新しい時代における大きな困難は、このバラバラにされた遺産に対して反逆や反乱を起こしても、いったいその遺産に何が残るのだろうか、ということです。でなければ、それは反乱でもなんでもなく、反乱の姿勢を取っているだけです。つまり、反抗し、批判的発言を続けても、結局空回りするだけなのです。なぜなら、それはある意味、瓦礫の中だけで作用するからです。それは、まるで時代が変わっていないかのように、民主主義や西洋文明が過去の栄光の時代のままであるかのように彼らが行動しているということです。まったく反対に、今、「後悔の時代」にいるのにもかかわらず。私たちが自らの歴史を自省し、ゆえに世の中のすべての責任を引き受けたような感覚になっているのです。西洋文明はすべての言葉に責任を負った気になっています。環境保護主義（エコロジー）は極めて重要な要素です。それはこの悔悛という考え方と同調するからです。

私は、エコロジーが必ずしもそれだけのものだと言っているわけではありません。というのも、エコロジーは大変重要な問題の一部を成しているからです。極端な話、私たちはこの世の民族すべてを支配しただけでなく、惑星をも搾取しています。だからこそ、民主主義の肩の上に罪悪感の重みがのしかかっていると感じているのでしょう。しかし、一方ではこのような罪悪感の感情など抱く必要がないという見方もあるのです。ともあれ、この罪悪感は私たちの歴史と深く結びついています。この罪悪感は世界の民族全体、その他の文明と共有されるだろうと考えるのは大きな幻想でしかないと私は思います。「もし勝利したのなら、私たちが強かっただけだ。良かったじゃないか、それを肯定しよう、それだけの話だ」ということなのです。もし世界の全民族たちに対して、非の打ち所のない人権のヴィジョンを映し出して見せたとしても、そこにそれを破壊したい敵が現れます。その時は鎧《よろい》を脱げば良いのです。

## 「文明の衝突」を越えて

では私たちが遺産の何を大切にすべきか？ 私にとっては、遺産を通じて知識を積み重ねることは、それをよりどころに自分を守り、戦う準備ができることを意味します。それは何も好戦的になったり、国粋主義者になるということではありません。これが私たちなのであり、私たちの特殊性なのだと明言できるかということです。その時にこそ他の民族や文明との対話というものが意味を持ち、心を豊かにすることになるでしょう。それ以外においては、それはもはや対話ではなく、知性のごった煮であって、力のない、ただの多文化主義としか呼べないものなのです。

私は社会の中ですでに存在している多文化主義との出会いにもちろん賛成です。ただし社会に存在する多文化主義と国家に存在する多文化主義は必ずしも同じものではありません。ある国において、明らかにどんな文化も豊かに発展する時期があります。しかしながら、この文化の成熟というものは常に、歴史的に未開拓ではない国に起きるものなのです。その背景にはとても長い歴史があるはずで、そうして異文化との同化が成立するのです。そこには背骨があり、支配的文化があるのです。この「支配的」というのは「押し付け」や「権威的」といったことを意味するのではありません。支配的文化とは、社会にある種の価値観や慣習の特徴を与えるものなのです。あるいは、ある種の政治的概念も与えます。そして、このるつぼから文化が豊かになることができ、そこで初めて対話というものが真に意味をなすのです。

『文明の衝突』を著した政治学者サミュエル・ハンチントンは、「文明と対立があれば、そこには必ず戦争がある」と言いました。実際には戦争を否定することは当然のことですが、文明に対する戦争を拒否することと、もはや文明がないということは同じ意味ではありません。しかしながら、純粋主義者たちはこのように言うのです。「文明がなければ、民族の間に違いもない」と。もちろん、理想的観点から、民族の統一を求めることもできます。しかしながら、民族の統一は対話や対立なくして成立することはないのです。その時、純粋主義者たちは何を言うのでしょうか？　彼らは「我々にもはや特殊性はない、何もかもが混ざり合ってしまっているのだ」と言うのです。そうなってしまっては、もはや意義はないのです。それを「カオスの民主主義」と私は呼んでいます。それが今のフランスの状況です。今日もはや機能していないのは一目瞭然です。

## 暗礁から脱出するための物語をどうつくるか？

ここからどう脱出するかという問題、私たちが乗り上げた暗礁から脱出するために二つの考え方があります。

まず、僧侶であり、哲学者のマチウ・リカールのアイデンティティについての考え方です。彼はこの領域に極めて重要な考えをもたらしました。一方には、本質主義的で基本的な形としてのアイデンティティがあります。つまり、変化せず、固定されたイメージのある伝統的なものです。その反対側には、もはや本来のアイデンティティとは呼べませんが、安定的な要素を掴むことができない、断続的に変化を目指すアイデンティティというものもあります。すなわち、一方である種の安定性や民族の魂のアイデンティティを強調するのか？　この場合は少々神話的なナショナリストの伝統が思い浮かびますが。また他方で、自己言及的になる「現在」のために、文化的側面の否定と前方への逃避を強調するのか？　しかし極端な場合、この逃避はもはや物語を必要としないのです。ここで重要となるのは近代的であることですが、アイデンティティのない近代性とでもいうべきものです。

固定か？　流動か？　こうした二つの考え方の間に、私は、もう一つの道があるように思います。歴史的物語に結びついているアイデンティティでありながら、変わりやすい性質を持っているものです。アイデンティティであると同時に固定されないあり方……、それだけに、これは必ずしも前方への逃避を強調するものであるとは限らないし、崩壊を意味するものでもないのです。

ここで、この物語的アイデンティティという考え方自体にもう一つだけ付け加えておきたいのは、物語的アイデンティティとは、断続的であり決して流動的なものではないということです。もちろん、さまざまな文化の影響を受け、あるいはそれぞれの生きている時代によってそれぞれの見方で過去を解釈することで、物語は変化するわけです。私たちは日々、今自分たちが置かれている状況から、過去を読み直さざるを得ません。過去から知識を探し出し、現在を理解するため、そして未来をより良く建設するために役立てるのです。

私は、完全に廃れてしまった過去を持つ歴史など、一切信用しません。廃れた過去、時代遅れになった過去、つまり何も語ることはできない過去、もし、このように過去が私たちに何も語ることができないとしたら、私たちは歴史的厚みのない現在を生きていることになるのですよ。

## フランスはパイロットがいない飛行機に乗っている

では、ここであらためて現在の状況を見てみましょう。今の状況は、現実的に過去からの歴史的な繋がりが完全に絶たれているのが明らかである一方、はっきりと輪郭が見える未来のヴィジョンからも絶たれてしまっているのです。この状況を私は「実存的に浮遊している現在」と定義しています。確かな基盤がないこと、過去に対しても、また同時に未来に向けても歴史的な本質がないのです。こうした現在の状況で何が起こっているのでしょうか？　人々は何を強調しようとしているのでしょうか？　生まれているのは、管理的でコミュニケーション主導の絶え間ないアクティビズムです。それによって、「現在」は自己言及的になるわけです。この傾向は改革というものの中に見られます。つまり、それはたくさんのマネージメント的なコミュニケーションを促進するツールボックスを備えた短期間で行う適応でしかないのです。

私がよく使う例に機械整備士というものがあります。ド・ゴール政権の時の大臣でフランスの農業を近代化したエドガー・ピザニ農相が示した例ですが、彼は1960年代にフランス国家が近代化したイメージについて、次のように言っているのです。

「飛行機があり、私はそれに乗り込みました。私には行き先がありました。機内にはパイロットがおり、私はどこに行くべきかについてわかっていました。ですから、飛行機に乗ってその目的地に向けて出発したのです。窓から景色を見ていると、その変化はフランスが変化していくのと同じでした」

今日、このイメージを使って話を続けると、随分前から問われなければならない課題は、私たちの飛行機にパイロットは乗っているのかということです。これは単に飛行機の中にパイロットがいるのかどうかという話ではありません。それは、国家が目指している目的地のヴィジョンというものがあるのかどうか、そして、なぜ私たちがそこを目指すのかということを知っているのかという話なのです。

まず、議論をしなければならないのは、エンジンを修理する必要があるということです。メカニズムや経済、そして技術といったものの修理をしなくてはならないということです。そもそも、それらこそが大きな問題なのですから。これを私は「機械整備士の民主主義」と呼んでいます。結局はこの「機械整備士の民主主義」が必要なことなのです。国の借金や社会保障制度の財源の問題などについて国民が話し合いをするのは当然のことです。大統領選挙についても議論すべきです。フランスの一番大きな選挙なのですから。そしてどの方向に向かって出発するべきなのか、私たちが生きる国が、どのような社会を目指すべきなのかについて議論せねばなりません。しかし、実際、このような問いについてはまったく議論されていません。これこそがまさに民主主義に欠けているものだと言えるでしょう。民主主義というものがもはや壮大で神話的な千年王国物語の中に戻ることができないとするのなら、あるいは民主主義が自制できないとするのなら、それはそうした議論がひどく欠けているからに他ならないのです。欧州連合然り、フランス然り、他の民主主義国家然り、この議論をするという側面が欠けているのです。

## 「万人の万人に対する戦い」から学べること

ホッブズは、人間は生まれながらにして善人ではないとみなしていた哲学者です。実際、彼自身のうちにも攻撃性があり、簡単に言えば、「人は人に対して狼である」と考えていました。つまり、生まれながらの善意というものはないという考え方です。

さて、ここで問題となるのは、それではそうした状態からどのように脱却するのかということです。そして、国家とはこの生来の暴力性から国民を守るものであるということです。実際、これが彼の根本的な考え方に他なりません。つまり、国家はまさにこの「万人に対する万人の戦い」の状態を凌《しの》ぐ力を生得しているというわけです。

このホッブズの考え方を現代に当てはめて考えてみましょう。民主主義社会には「身の安全」に関わる大きな不安というものが漂っています。そこから、国家が私たちを守るべきであるという感情が芽生えるのです。フランスでも、例えば郊外で発生する暴動があり、若者が高校に火をつけ、他にも街中で起こる新しいタイプの犯罪行為やテロがあります。その結果、セキュリティ対策を求める人々からの声が高まり、それは国家に対して要求されるわけです。至極当然の要求です。しかし、左派はなかなかこうした要求の本質を理解できないようです。というのも、この要求を聞いた彼らの最初の反応は「気をつけろ！　国がすべてを支配するぞ！」だからです。しかし、国家には暴力行為や弾圧を利用した任務があると同時に、一方では保護するという任務もあるのです。このことを理解しなければいけません。

大きく不安定な状態にある中で、国家の任務は、ある意味新しい現代的意義を見つけることにあるのかもしれません。

## 個人主義が生んだ「隙間」は埋められるか?

歴史上、民主主義について思索してきた思想家には、18世紀のジャン＝ジャック・ルソーや19世紀のアレクシ・ド・トクヴィルがいたわけですが、トクヴィルはルソーとアプローチする方法が違いました。ルソーのアプローチは哲学的で政治的なものでした。政府と人間、社会契約について考察したわけですが、この社会契約はまさに人間が自らを統治することができる自然状態を凌ぐものです。

一方のトクヴィルは、民主主義的な国家というものを理解することが目的でした。この新しい体制がどのようなものであるかを問うたのです。もちろん哲学的な側面もありましたが、こうした側面が、民主主義国家や新しい民主主義社会が映しだす違いについての分析へと至らせたわけです。トクヴィルについて重要なのは、民主主義が誕生し、発展した新しい状況で慣習は調和し、個人は伝統から離れ、内にこもり、自分自身の幸福を求めるあまり社会の出来事に無関心になってしまうということです。

民主主義初期の思想家たちに関連して理解しなくてはならないことは、これは仮説とはいえ、歴史のある時期には、断絶が生まれるということです。そこで問われるべきは、今私たちは歴史的な民主主義の変化の時にいるわけですが、民主主義が有害に作用する限界点にまで到達してしまうかもしれないということです。すなわち、トクヴィルが指摘した個人主義者のもとでは人間同士の間に隙間が生まれ、社会関係から距離を置く現象が生まれます。個人主義者は、自らを社会から脱け出た存在だとみなすようになり、自分の問題だけに専念するようになるのです。自らのこと以外に目を向けることや歴史的集団あるいは集団的空間に復帰することもなかなかできなくなるのです。これが民主主義の中に、深い不安を生んでいます。こうした不安がいつの時代も続いていたとは言えませんが、継続的に存在してきたのは事実です。ルソーやトクヴィルといった思想家と私は同じ角度から見ているわけではありませんが、いずれにせよ、近代性への飛躍という当時の歴史的な動きの中で、欧州はそのエンジンとも言えるものだったわけです。そして今日、フランスや欧州で問われている問題の本質は、これらの歴史的な動きを知らずして語ることはできません。

## 「攻撃的な欲動」はどう生まれる？

そもそも、人間が欲望や欲動をコントロールすることなどできるのでしょうか？　人間に対する見方は、もちろん一つだけではありません。しかし、政治というものについて考えるならば、純粋主義に陥ることに気をつけねばならないと思います。人間の攻撃的な欲動を無視する見方を頼りにしてはいけないということです。

私にとって政治とは一種の文明の形です。そこにはいろいろな流れがあります。保守主義的な流れや人間に対する悲観的な見方の流れもあります。あるいは、まさしく人間には破壊的な攻撃的欲動が永遠にあるという見方をする流れもあります。国家の責務、つまり政治的な責務とは、それだけではないにしても、私たちが集団生活を築くためには人間の破壊的な攻撃的欲動から自分自身の属する共同体を守ることが必要です。少なくとも欧州においては、文明の進化過程で発生するあらゆる問題から人間が持つ野蛮性を認め、同時にそれを行儀よくしつけようともしているのです。集団生活の中で重要となる要素は、こうした人間の持つ破壊的な攻撃的欲動から国民を守る国家の役割と、そのための権限を持つ警察の役割というものなのです。人間であるための条件にはこうした側面があるわけです。

特に政治的な現象について考える時、私にとって大きな危険だと思われるものの一つは、あえて繰り返しますが純粋主義というものの存在です。「人権」という概念には、こうした理想主義や純粋主義的な側面もありました。「人権」は何も民主主義の基本的理解の上にだけ成立したわけではないのです。にもかかわらずそこに、この「人権」という概念が、最も広く人々の間に共有されているものだと考えてしまう大きな幻想が生まれました。

例えば、イスラム社会における人権というものが完全に私たちのものと同じではないことはおわかりの通りですし、彼らの文明も違いますね。大きな「幻想」とは何かを簡単に説明しますと、人間は誰もが善人で思いやりや優しさを持ち、そうした人間の中に悪があるのではなく、外にあるのだという幻想です。この悪というものが生まれるのは、悪い社会と悪い制度があるからなのだということですが、そうした悪というものが人間の外にあるとの考え方は、人間は先天的に善人であるとの考えに基づくわけです。この考え方は部分的にルソーの思想の中に見られ、またフランス革命の中にも見られたものです。すなわち、悪い制度を廃し、新しい良い制度に置き換えることで、社会を変革し、良い社会をつくることができ、そうすれば人間は善人になってやっと善意のある行動を取ることができるのだというのです。

さらに、あなたが善人をつくりたいのなら、あなた自身が良いと思う国家によって先導されればよいとの考えもあります。これらの考え方はフランス革命の中に含まれていたのです。悪が生まれるのは悪い制度のせいなのであって、もし良い制度があれば人間は善人になるのである、と。宗教や制度や悪い社会が悪人をつくるのだというその考え方は、左派の思考の中に色濃く表れているものです。

キリスト教の教義においてはさらに、もう少し複雑になります。というのも、キリスト教においては、人間は原罪を背負っているとされるからです。キリスト教におけるこうした「原罪」という考え方は、どこにでも見られるものではありません。私は人間学のスペシャリストというわけではありませんが、人間は生まれながらにして善人なわけではありません。子供たちについても同じことが言えます。例えば、子供という存在は基本的に素晴らしいものであって、それが悪人になるのは社会が堕落させ悪に染めるからというのは、五月革命の左派たちの考え方そのものです。つまり、子供は子供らしく楽しませておけば良い子のままなのだという考え方ですね。しかしながら、子供にも攻撃的欲動があるのです。人間ですから。

このように、人間であるための条件についての概念も異なるわけです。欧州の遺産であると言えるキリスト教的な遺産、啓蒙思想的な遺産にはこのような両義的な見方が存在しているのです。人間というもの、そしてその欲動、欲望、すなわちその善意や悪意や敵意、嘘をつく行為などといったいろいろなものがありますが、それらをどう捉えるかは特定の思想の傾向となり、特定の政治の傾向となるのです。ただ、人間に対する楽観的なイメージよりもむしろ悲観的なイメージの強い攻撃的な欲動をより強調する必要はないのです。

例えば、今日でも続く議論として、保守的な流れをくむ一群の思想からの啓蒙主義に対する批判的な意見があります。啓蒙主義は情熱を過小評価し、理性というものを重要視しました。あたかも、理性によって情熱というものを徹底的に除去できるかのようにです。保守的な批評家たちはこの啓蒙主義を批判したのです。一方で、啓蒙主義の中には、人間は理性のおかげで自制でき、自分を抑えることができるとする理性的なモラルについての考え方があります。すなわち、これらの間での議論が私たちの受け継いだ遺産の中には含まれているのです。

## 保守主義と近代主義のジレンマを越えて

私たちには、このような議論をした哲学者の先人たちがいたことが重要なのです。そうした思考が生んだ豊かさは、信じられないほど偉大なものです。今の世代と次の世代に対して、遺産の伝承という観点において再びしっかりとした関係を築いてほしいと、私は思います。伝承にも断絶が生まれていると思うからです。問題はどのようにそれを再び築き直すことができるかということでしょう。

二つの選択肢があると思います。まずは、自然の伝承に頼らず、直接的に浸透させていく方法です。近代やその動きの中の断絶を、まさに理性の力を借りて再検討していくことです。私たちの前に現れてきたもの、先人たちや伝統から引き継いだものについてです。

それでは、啓蒙思想の遺産とはいったい何なのでしょうか。私にとっても一番大事なものですが、それは、自らの理性、経験のみに基づいて判断できるということです。しかし、こうした行動原理からは断絶もあっという間に生まれるのです。フランス革命を批判する愛国主義者たちの言説では、すべての旧い遺産を重視しない急進的な断絶があるのだということになります。

フランスには国民教育相のジュール・フェリーという穏健的な共和主義者がいましたが、彼は新しい共和国モデルから二つのフランスを和解させようとしました。もちろんフランス国王の遺産と関係はありません。フランスの歴史を学び、常に国王の系譜についても触れ、伝統と革新の融和を目指したのです。このモデルは急進派の流れと共に成長し、すなわち、急進的な共和主義の、左派の考えとして登場しました。彼らにとってのフランスの歴史とは、まさにフランス革命から始まっています。

しかし、それ以前にも伝統があり、中世があり、すべての歴史があるのです。今日、難しい状況にあるとはいえ、それは同時にチャンスだとも言えるのです。つまりは、「ポジティブな可能性」があるわけです。私たちは伝統的威信により構築された世界に生きているわけではありません。私たちは、歴史を自由に検証することができるのです。それは何も自由を捨てるためではなく、共通の世界を構築するため、何を大事にすべきなのか考えるためです。私たちはまさにそのような状況にいるのです。どうしたら保守主義者であると同時に近代的でいられるのか？　ということです。近代の持つ知識は啓蒙思想によって獲得されたものですが、私たちはそれによってはるかに明晰な方法で、自覚し、引き継いだ遺産に再び適応することができるわけです。これは同時に、当然のものとされてきた伝統へと回帰する可能性、つまり伝統との無理のある入れ替わりというものを避ける方法でもあるのです。近代性や民主主義といったものだけでは、このようなことはできません。その一方に、与えられてきたものとの根本的な断絶があるからこそ、私はこのように考えるのです。

## 穢《けが》れのない文明など存在しない

民主主義とは体制、政治社会の体制のことです。しかし、民主主義は自己創造主たり得ません。これは非常に重要なことです。つまり、民主主義は長い歴史の中のある時期に登場したのです。フランス革命の結果だとは言いませんが、根本的な断絶という考え方の中には過去を完全に無視するというような幻想的な思考もあったのです。ですから、繋がりを持たない人間、すなわちフランスの歴史というものはフランス革命から始まっているのです。この概念が民主主義の中にはあるのです。

と同時に、私が思うに民主主義というものは私たちの同意を必要としますが、これは伝統的な賛同とは違うものです。つまり、常に不信、疑いというものによって特徴付けられる同意ということです。この不信というものが私たちを袋小路に追い込むこともあれば、私たち自身への疑義へと導くこともあり得るのです。ある種の急進性へと私たちを駆り立てることもあれば、ニヒリズムに傾斜させることもあります。すなわち、人間や個人、社会といったものが絶えず自ら生まれ、自己創造主であるというような考え方、そのような考え方は私たちが先人たちから引き継いだ遺産の中にあったわけではないのです。これは危険でもあります。実際、私たちが必ずしもこの方向へ向かわなくてはならないと告げるものなど何もないのです。そうした誘惑は半世紀前から歴史の中に存在していました。しかし、歴史の中にそうした誘惑があったからといって、私たちが元々の遺産に向かって回帰できるということにはなりません。問題は、この疑いと同意というものに対して適切な距離を保つということです。つまり、人間のすべての歴史、あるいはすべての文明には穢れのない白いものなどないのだ、純真無垢なものはないのだと理解することが重要なのです。

私たちの歴史の中には、どの文明にもあるように、闇のページと栄光のページの双方があります。それが嘘だと主張する人たちは危険なのです。それは一種の狂信に他なりません。つまり、自分たちは純粋であるという思考は危険なのです。私たちは純粋であり、今の文明については為政者たちに責任があるなどという考え方もそうなのです。ゆえに、文明や歴史の両義性、歴史の悲劇といったものを認めなければなりません。同時に、私たちが伝統から得た知識というものは疑うことであり、哲学することであり、批判的な思考なのです。

しかし、この批判的思考は、私たちに過去から引き継いだ遺産がない、長い歴史の遺産がないことを意味するわけではまったくありません。こうした過去から受け継いだ遺産とあらためて対話していく必要があるのです。私にとって、これは重要な使命であり、政治とは直接的に関係ないとしても、知的な使命、ある意味で道徳的な使命であるとも言えると思います。それは過度な道徳であってはいけませんが。もし、それを実行しなければ、私たちは世界の進化に対して完全に無防備な存在になってしまうに違いありません。

# ヨーロッパ知性の真価が問われる時

## 実存主義vs.構造主義が蠢く背景

「五月革命」をめぐって、二人の証言者に語ってもらったⅢ。歴史上の大きな分岐点となり、世界に波及したこの運動をどう捉えるか、言葉を尽くしてくれた。だがもちろん、その前の時代から、すべてを大きく包んでいた時代の潮流というものがあったはずだ。第二次大戦後、戦禍を被ったフランスは、政治、経済、社会の諸制度への自己反省からスタートする。隣国ドイツ、イタリアでファシズムの台頭を許すこととなったことへの忸怩たる思いを含め、ヨーロッパ的な価値観のあり方そのものを自ら問い直す精神があったのだ。そこを忘れるわけにはいかない。そこから、国民国家や資本主義、合理主義への批判が生まれていた。その流れの中に、実存主義の存在も位置づけられる。実存は本質に先行する。このテーゼに象徴されるのは哲学者サルトルらの思想だ。そして、ほどなく、もう一つの新たな思想が生まれ、実存主義にノンを突き付ける、構造主義だ。同時代に大きなムーブメントとして進行していた、実存主義vs.構造主義という論争。またそこから生み出されていったポスト構造主義という思想が当時の社会状況にさらに複雑な彩りを与えていく。こうした新たな哲学、思想による世界の捉え方が、1960年代、「革命」を目指す学生たちの思考の背後で蠢いていたことはイメージしておいた方が良いだろう。

人は、生まれる時代も場所も選べない。生まれ落ちた環境の中、ある枠組みの中で育まれ、価値観を養い喜びを感じ、時にそれからの脱却を試みもがき、自己を形づくっていく。生まれた環境からは、自由ではない。まさに、「実存は本質に先行する」。意識が生じた時には、すでにしてあるすべてを引き受け、始めていく他はない。変化を望むとしても、そこからだ。そこにはそれぞれの主体、固有の事情、論理、生理というものがある。置き換えようのない自己がある。実存主義のそうした思考は、先に触れたように合理主義に揺らぎが生じる時代に大きな影響力を持った。

だがそこへ、文化人類学者クロード・レヴィ＝ストロースの提示した構造主義の考え方が違和を突き付けたのだ。自らの立場を絶対的に疑うことなく、その眼差しから現実を、歴史を変えていこうとするサルトルの主張に対して、レヴィ＝ストロースは、さまざまな文化の中に存在する普遍的な構造を見出し、サルトルの西欧中心的な価値観を否定、相対的な思考を説いた。自らフィールドワークによる、現地のさまざまな部族と生活を共にする調査を繰り広げ、いわゆる「未開」とされる文化の中にある家族関係や儀礼にある原型に「近代」社会と同じ構造を見出し、「進歩」という概念を相対化、疑いの眼差しを向けたのだ。面白いのは、激しい論争を繰り広げた実存主義と構造主義も、その底流にあったフランスの「ヨーロッパ的価値観」への懐疑、さらには「科学技術」「合理主義」への不信など、共通するものが見えてくることだ。

構造主義は、文芸批評のロラン・バルト、精神分析のラカンらも加わり、普遍的な思想となり、その後さらに、ミッシェル・フーコー、ジャック・デリダといった思想家、哲学者らの解釈、批判を含む運動となる。彼らはポスト構造主義と呼ばれ、確実に一つの潮流となっていった。ポスト構造主義という言い方は、単に「構造主義以後の思想」というほどの意味で、すべてを一派とは乱暴には捉えられないのだが、構想主義の思想を発展的に展開していく姿勢、アプローチにおいて、重なる問題意識を抱えていた人々だったと言える。構造主義は、実存という一つの固定化された見方を解き放ち、すべては関係性だと捉えることで、人々を自由にしたのだが、またその構造という関係性を実体として固定化してしまう限界を乗り越えていこうというものだ。日本では、80年代に大々的に「輸入」され、ニューアカデミズム、現代思想ブームというものも生まれることになるのだが、そこで彼らの名前を記憶している方々も少なからずいることだろう。

## ガブリエルが切り開くポスト構造主義以降の新しい風景

この後、登場するマルクス・ガブリエルは、「ポスト構造主義」以降の潮流を代表する新星、ということになっている。さしずめポスト「ポスト構造主義」というところなのだが、そんな言葉遊びを越えて、たしかに、実存主義、構造主義、ポスト構造主義という知の先行者たちの格闘の果てに、新たな風景を垣間見せてくれるように思う。

「世界は存在しない。一角獣は存在する」

ガブリエルの主張は、このコピーめいた言葉に集約されることが多いのだが、その意味するところは、極めてフラットだ。例えば、今個々バラバラな人々が形づくる場において、それぞれの個の認識の存在は認める。すなわち、目に見えるもの、あるいは思い浮かべるもの、想像上の存在も含めて認める。だから「一角獣」はいる、という「妄想」を抱く人間がいれば、その言説も認めるのだ。さらに、そこでの個と個の関係性も認める。その場には、「一角獣」はいると言う人も、いないと言う人もいることを認めるのだ。なんだか、なんでもOKの安易な存在論と聞こえるだろうか？　しかし、ここからが重要だ。その上で、それを包括する世界というもの、その存在は認めない。一角獣がいると言う人、いないと言う人、一角獣の存在、そこに生まれている関係性……、すべては認めるのだが、それを超越する視点である世界の存在は認めないのだ。この一点が、決定的に、重要なのだ。

たしかに「超越した世界」という存在こそが、対立を生む。その意味で、実存主義、構造主義、さらにポスト構造主義も一部含めて、乗り越えるべき重要な視点を提示したと言えるだろう。実際、世界を「実体化」することの危険性は、今、地球上のさまざまな場で噴出している。皆それぞれ、国々のリーダーがともすれば「自国ファースト」に傾きかねない今、国レベルまでいく前にさまざまな集団が一度形成されてしまえば、その視点からしか物事が見えなくなる傾向が強まっている。そこに対話はなく、ただ、無数の「正義」の主張だけが夥《おびただ》しく連なり、鬩《せめ》ぎ合っているように見える。しかし、本来、唯一絶対の正義など存在するはずがないように、固定化された世界は、存在しないはずなのだ。

純粋な哲学論争をしたいわけではない。ある時代に、人々の心を捉えた思想の背景にある文脈を、少し別の角度から考えてみよう。誤解を恐れず言えば、自らの人生を受けとめ、真摯に思考する時、誰もが実存主義者となる、とは大胆だろうか。生まれ落ちた時から抱える実存、所与の条件、意識を持った頃にはすでに課されていた宿命を、引き受けざるを得ない存在が覚悟を決める時、人はすべて実存主義の門を潜るのだという言い方もできるのかもしれない。だが、そうしたありようは、時に固着した視点を生み、それゆえの不自由を生むこともまた事実。

他者からの視点という想像力を欠き、熱い情念に囚われることでますます視野狭窄に陥る不幸も、背中合わせとなる。その呪縛を解こうとしたのが構造主義だったのであり、そうした柔軟な視点を獲得した時、皆、構造主義者となる。すべては関係性だという認識がもたらす、自己という存在の相対性に思考を開く可能性をそこに見るのだ。そしてさらにその関係性すらも固定化しないダイナミズムを導入しようというのがポスト構造主義だった、というわけなのだが。

真摯に思考する時、人はすべて実存主義の洗礼を受け、構造主義の門を潜る、とは、真面目な哲学研究者の方からお叱りを受けそうな話だが、実際、極めて卑俗な解釈、言い方をさせてもらえば、さまざまな歴史上の哲学論争を見ていくと、実存主義と構造主義の論争ですら、不毛な対立、同じ土俵で戦う空しさを感じなくもないのだ。「正解」「真実」を求めようとすることによって、新たな視点を生む豊かさを湛えていたはずの言説が、間違い探しのように息苦しさを生んでいたのだとしたら、残念な本末転倒だと思う。哲学の意義は、可能性を開くことの方にあるのだから。

そんな時、ガブリエルが見せてくれる風景は、そうした言い争いの世界をすり抜けて、砂漠のように無機質なのだが、しかし同時に、乾いた風が吹き抜ける、さわやかな空間のように思える。情念の湿度もなく、だからと言って拒絶する冷気もなく、開かれた空間……。現代社会の民主主義に連なる思想の原点・フランス革命の思想的な根拠を提示していたルソーが、本来思い描いていた「社会契約」とは、実はこういうものではなかったか？　ルソーは言う。

自然状態から社会状態への、この推移は、人間のうちにきわめて注目すべき変化をもたらす。人間の行為において、本能を正義によっておきかえ、これまで欠けていたところの道徳性を、その行動に与えるのである。その時になってはじめて、義務の声が肉体の衝動と交代し、権利が欲望と交代して、人間は、その時までは自分のことだけ考えていたものだが、それまでと違った原理によって動き、自分の好みにきく前に理性に相談しなければならなくなっていることに、気がつく。

（『社会契約論』ジャン＝ジャック・ルソー　桑原武夫・前川貞次郎訳　岩波書店）

自然状態から社会契約への移行、そこで生まれる人間社会の変化。これを読む限り、「理性」の人、ルソーの面目躍如というところか？　こうして、ルソーが思い描く「社会契約」による秩序は、「一般意志」という概念にたどり着く。

各人は自己のすべてを人に与えて、しかも誰にも自己を与えない。そして、自分が譲りわたすのと同じ権利を受けとらないような、いかなる構成員も存在しないのだから、人は失うすべてのものと同じ価値のものを手に入れ、また所有しているものを保存するためにより多くの力を手に入れる。（中略）われわれの各々は身体とすべての力を共同のものとして一般意志の最高の指導の下におく。そしてわれわれは各構成員を、全体の不可分の一部として、ひとまとめとして受けとるのだ。

（『社会契約論』ジャン＝ジャック・ルソー　桑原武夫・前川貞次郎訳　岩波書店）

まさにここでも、「理性」的な論理の展開が行われる。しかし、それにしても、この「自己のすべてを人に与え」「しかも誰にも自己を与えない」とは、いかなる状況で成立するのだろうか？　この論理「矛盾」を越えて先に進む道は？「不可分の一部」でありながら、個としても自由であるということに、引き裂かれる思いを感じる。

実はもともとルソーという男は、この『社会契約論』を著す前に、『人間不平等起源論』という書も世に問うている。そこでは、社会こそが人類の堕落、不幸の原因だと断罪していたのだ。これこそ、思想史上のスキャンダルではないか？『社会契約論』は、単なる偽善の産物なのか？　そんな人格が分裂したかのような所業の欺瞞《ぎまん》性に一度は呆れたと告白するある研究者は、思索の果てに、こんな言葉を残している。

ルソーの業績をその歴史的意義においてとらえ、それが及ぼした直接的な影響によって特徴づけようとするならば、この影響はある一点に凝縮させることができるように思われる。**ルソーがその時代にもたらした独自の、真に新しいものは、まさにかれが主知主義の支配からこの時代を開放したという点こそ存する**と考えられる。十八世紀の文化の根底をなしている反省的悟性の諸力に、かれは**感情の力**を対置する。観察し分析する**「理性」に対して、情熱とその基本的・根源的力の発見者**となる。事実、これこそはフランス精神に侵入してきたまったく新しい生の流れであったので、この生の流れは今にも確固たる形式の一切を解体せしめ、最新につくり上げられていた境界線を溢れ出んばかりの勢いを示したのである。

（太字筆者『ジャン＝ジャック・ルソー問題』E・カッシーラー　生松敬三訳　みすず書房）

ルソーの情熱をこそ見よ、その根源的な力にこそ注目せよ、と言うのだ。主知主義とは、人間の精神を「知性／理性」と「意志」、さらに「感情／欲望」と三つに分けた時、「知性／理性」の働きを重視する立場を言う。もっと平明に言えば、知性主義と言い換えて良いだろう。すなわちルソーこそ、「意志」や「感情／欲望」、そしてそれらを渾然《こんぜん》一体に表現するところの情熱の価値を前面に押し出した立役者だとし、そこにこそ着目せよと言うのだ。そして、その視点に立った時、初めてルソーの「矛盾」が、少し解ける予感がし始める。共同体の構成員のすべての意志を統合して生まれる「一般意志」というフィクションにも現実の可能性の光が射す。ルソーは、意識してか無意識かはわからないが、まるで楕円のように、理性と感情という二つの中心によるエンジンを駆動させることで、社会と個人の繊細なバランスを保つ思想の技術を、あえて逆説的に提示したとも言える。

実際、ルソーが要求する「社会契約」は、単に社会に、国家に、自己を与えるなどというのんきな話ではない。個人と社会の間には、厳しい緊張関係があり、両者が発見し合うプロセスがある。不合理な情熱が、合理的な理性の手続きを推進する、このパラドックスの可能性に賭ける視点が生まれた時、新たな民主主義論、21世紀のルソー解釈にも命が吹き込まれるのかもしれない。そこに人間の「矛盾に満ちた合理性」、まさにルソー張りの情念の力を見出すとしたら……その時、パラドックスは越えられるのだろうか？

## AIとルソーのパラドックス

ここで一つ、面白いエピソードを紹介しよう。最近話題のＡＩ、人工知能の世界で、長年にわたって議論されてきた難問がある。フレーム問題と呼ばれる。哲学者ダニエル・デネットが考案した有名な例題だ。洞窟の中にあるバッテリーをロボットに運び出せと命じるとしよう。

だが、バッテリーの上には時限爆弾がある。最初のロボットはバッテリーを運び出したはいいが、爆弾まで持ち出してしまい爆発する。そこで、改良したロボットには、自分の意図した行動だけでなく、その行動の結果として、副次的に周囲に何が起こるかを推論する機能を追加したのだ。しかし、今度はバッテリーを運ぶと、「天井は落ちてくるか？」「部屋の壁の色は変わるか？」「壁に穴があくだろうか？」など、次々にさまざまなことを思考するようになり、そのうちに時間切れで、爆弾は爆発してしまう。それでは、と、爆弾と関係のあることしか考えないロボットをつくる。しかし、今度は「爆弾と何が関係があって、何が関係がないのか」を無限の可能性の中から、延々と考え始めてしまい、やはり爆弾は爆発してしまう……。

つまり、人工知能は、チェスやオセロのような、閉じられたルールの枠の中では、有効に働くが、今のところ、ひとたび、現実の世界のように開いた世界に飛び出すと、情報を処理しきれずに、動きが停止してしまうというのだ。しかし、当然のことながら、人間に、このような「フレーム問題」は無縁だ。誰もが爆弾を置いてバッテリーだけ運び出せるはずだ。人間も有限の処理能力しか持っていない、にもかかわらず、だ。人間は、思考が暴走して停止することなく、動作することができる。なぜ、人間には「フレーム問題」が発生しないのか？　それは、研究者の間で、まだはっきりと意見がまとまっていないのだという。

いったい何の話だとお思いだろうか？　だが、何気なく行われている人間の認知、認識、判断というものの不思議さをかみしめるたびに、ルソーの越えようとした「理性」と「感情」のパラドックスと深く関係しているように思えてならないのだ。瞬時に必要なものだけ摑み出せる人間はすごい、というわけだが、それは逆説的に言えば、人間はさまざまなフレームの問題を捨てる「能力」があるということ。つまり一瞬で他の選択肢が見えなくなる、これは「能力」であり、同時に「欠落」でもあると思える。民主主義における人間の主体的選択というものの根本にある、可能性と限界に思いを馳せるのだが、それを教えてくれるのがＡＩをめぐるエピソードだとは、なんとも興味深い。

「Ⅱへのイントロダクション」で触れたホッブズの人間の認識の限界の話まで思い起こせば、さらにその思いは深まる。近年、ＡＩに政治を任せたら……という議論がＳＦではなく語られ始めた時代だからこそ、余計その複雑な思いは強まる。その時、この「ろくでもなく素晴らしい」「能力」と「欠落」を抱えた人間は、どう、民主主義と付き合うべきか……？

さて実存主義からルソー、そしてＡＩまで話はとめどなく膨らんでしまったが、果たして、21世紀哲学の旗手、マルクス・ガブリエルが提示する民主主義論とは？　彼の言葉から、イメージを広げてみよう。実存主義者であり、構造主義者であり、ポスト構造主義者であり、ポスト・ポスト構造主義者である、彼の言葉を聞いてみよう。ひとまず、包括的な「世界」はない……、そのことに苛立たない心の強さ、穏やかさを伴って。あくまで、フラットに。

# Ⅳ 民主主義の定義を更新せよ

# 世界は存在しない民主主義は存在する

マルクス・ガブリエル
Markus Gabriel

哲学者(ドイツ)
ボン大学教授
1980年生まれ

弱冠29歳にして、ボン大学・哲学科の教授に。現代哲学の新たな地平を切り開く知性として期待される。「世界は存在しない。一角獣は存在する」。その言葉は、新実在論と呼ばれるポスト・ポスト構造主義の思想を平明に表現するフレーズとして有名。現代の民主主義、ヨーロッパ思想の原点の危機について、新世代の知性は、いかに民主主義の定義を更新するか?

## 民主主義とは情報処理の一形態である

最初に言っておきましょう。一般的に定義するならば、民主主義は情報処理の特定の形なのです。民主主義とは、一つの制度であり、同時に人間の行動を組織化する方法です。それ以上でも、それ以下でもありません。それが、民主主義です。

しかし、現在の状況を見ると、民主主義を、真実を得る方法だと思い込んだり、嘘つきの政府を暴く方法だとまで期待している人々がいて、それが大きな混乱をもたらしているのです。民主主義を定義する手続きは、本来、真実の問題に関して、中立的なものです。現在の混乱は、私たちが今直面しているさまざまな問題を引き起こしています。

もう少し、民主主義の実際の機能に即してお話ししましょう。民主主義を運営する機関は、他のあらゆる形態の政府同様に、一つの巨大な情報処理システムです。ですから、例えばフランスのように大きなシステム、少なくとも7000万人近くの人口を有し、さらに人口が増える可能性もあるフランスぐらい大きな社会システムになると、それ自体、どのように動いているのか、実は誰一人として理解していないのです。

では、そんな政府は何をするのでしょう？　政府は、その仕組みを理解している者がどこかにいるという錯覚を生み出し、維持するのです。ですから、多くの政府が、君主かまるで神のような人物がいるフリをするのです。フランスのシステムでは、もちろんそれは「共和国大統領」であり、彼は他の国々の大統領同様に、国民に対して、何が起きているか理解している人間がいるフリをするという観念的な役割を担っています。

昨今、私たちが目にしているのは、世界の大統領たちが、より深い真実を見つけたフリをしている状態です。今の時代、誰もがより深い真実を国民に信じ込ませようとしています。例えば「テロリストは本当に危険だ」とか。当然そんなことは、より深い真実ではありませんが、そう言うことでテロリストが実際より危険に見えるのです。もしくは「フランスは根本的危機にある」などの言葉です。これらはすべて国民を統治するためのイデオロギー的な手段です。ですから私たちはそれがどのように構成されているのか知らなければなりません。思うに現在、国民はそれを知るための知識をあまり持ち合わせていません。つまり教育の問題になるわけですが、こうした現象が地球上のあらゆる場所で見られます。

## 考える時間を生めば、敵も味方もないことがわかる

今私たちは、なぜ私たちが民主主義という組織形態を選んだのか、再考し始めなくてはなりません。おそらく非常に基本的な価値観に大きく関係しているでしょう。今日、私たちが民主

主義と呼ぶものの基本的価値観は、パリで18世紀の終わりに定義されました。フランス革命による、〈近代〉の結果です。つまり18世紀が、今日、私たちが民主主義と呼ぶものの価値観の概念を形づくったのです。そうした概念の根本にあるものを具体的に言うならば、もちろん、自由、平等、友愛ということになるのかもしれません。これらが基本的価値で、民主主義が人間社会で推し進めるはずのものです。ここで考えるべきは、それが本来、意味している事柄についてです。

この問いに答える唯一の方法は、結局は哲学にしかありません。古代ギリシャでの民主主義の創造と破壊においても、哲学は、その根幹にありました。18世紀にはヨーロッパでも同様のことが起きました。今、私たちに必要なのは、誰が危険で誰が敵で誰が友であるかに関するイデオロギー的な思想ではありません。友か敵かの区分けに、今ほど政治が絡まない方がいい時はないのです。争いを減らして、考える時間を増やすべきなのです。ここが最も基本的な問題だと思っています。自分たちが自由と平等と連帯を求めて奮闘することの意味に関する哲学的な思想が、どこでどんな役割を果たすのか？　あらためて考えなければなりません。

もし私たちが哲学を過小評価し続ければ、それは哲学、すなわち「知を愛する心」そのものを破壊することになります。そして、哲学なくして民主主義は存在し続けられません。

## 民主主義のストレステスト

その意味においては、例えば、ドナルド・トランプのような人は、民主主義者とは言えないのです。彼は知恵を嫌っているからです。昨今、私たちが目撃しているのは、どこに向かっているのか不明な船です。私たちがすでに見てきたのは、ドナルド・トランプと現在のアメリカの政権との対立です。そして揺さぶられている、抑制と均衡のシステム。これが、私たちが今現在、目撃していることで、民主主義の制度に対する極端なストレステストなのです。必ずしも民主主義に対してではないかもしれませんが、そのような制度に対する極端なストレステストです。

もしアメリカ人が、この独特なパーソナリティにまつわる危険を回避することができたなら、その時はアメリカの優れた民主主義制度を証明したことになり、世界は感心するでしょう。民主主義の理論には「アメリカ・ファースト」に、国民がドナルド・トランプを弾劾し得るという意味も含まれているはずです。もし彼らがドナルド・トランプを弾劾したら、それは民主主義が独裁政治に勝つ貴重な瞬間と言えるでしょう。

## 根拠のない恐怖が新たな恐怖を生み、欲望を生む

実際、現在の民主主義は欲望の経済と明らかに深い関連があります。ドナルド・トランプや

プーチン、バッシャール・アル＝アサドなどの現在恐れるべき人物がいますが、彼らによって勝手にいつの間にか、恐怖のイメージがつくり出されているのです。明らかに問題は、現在の支配的な政治感情が「恐怖」だということです。テロリズムの時代に生きている私たちはそう感じています。「テロリズムの時代」とは通常よりテロリストによる攻撃が起きやすい時期のことではありません。実はヨーロッパでのテロの数は1980年代より減っているのです。テロが起きている数は少ないのですが、その「恐怖」ばかりが増しているのです。

では今日のテロリズムとは何でしょう？

私が思うにテロリズムとは、国民を、恐怖をつくり出すことにより統治することです。それがテロリズムの意味です。これまでになく恐怖心が増している……。極端な恐怖と不安には当然ながら大抵は根拠がありません。恐怖を感じるべきものを探してしまう、その根拠のない視線こそが、恐怖をつくり出すのです。

私たちはこの恐怖の時代を乗り越えなければなりません。どうすれば乗り越えられるか？民主主義の最大の価値を思い起こせば乗り越えられるはずです。民主主義の最大の価値は、矛盾しているようですが、官僚制度です。政府の役人の規則による統治を決定づける情報処理が恐怖に対して耐性があるのです。なぜなら、意見を集めたり文章を書いたり、情報を処理する複雑なプロセスがあると理解できれば、そのプロセスは恐怖に反応するまでの時間より、だいぶゆっくりで時間がかかるとわかるのではないでしょうか？

その意味で必要なのは、意思決定の速度を遅くすることです。これが民主主義のもう一つの価値です。考える時間は十分あります。私たちにはもっと熟考する時間が必要です。

## 「歴史の終わり」の終わり

1989年にアメリカの政治学者フランシス・フクヤマによる有名な「歴史の終わり」という宣言がありました。フクヤマが言わんとしたのは、これから先、永遠にアメリカ的な自由主義の民主主義が唯一の選択肢になる、ということでした。ですが、それは間違っていました。「歴史の終わり」は、まだ来ていないのです。私たちが生きているのは、「歴史の終わり」の終わりの時代でしょう。つまり私たちは歴史の始まりの時代に生きているのです。

人々の欲望の噴出は、むしろ〈近代〉以前のような様相を呈しています。現在の状況はとても原始的で、古人類学的とも言える反応を多くの場面で目にします。人々は、より原始的になったのです。今起きていることのうち多くのことが、まるで中世の出来事のようです。歴史の教科書に載っているようなことばかりなのです。マルクスが言ったように、まさに「歴史は繰り返す。最初は悲劇として、二度目は喜劇として」ですね。今、私たちは「喜劇の時代」に生きているのかもしれません。

## 新しい歴史の哲学を生む時

では、こんな時代をどうすれば乗り越えられるのでしょう？　歴史の概念について、再び振り返り、熟考すればいいのです。実際、私たちには、今こそ、新しい歴史の哲学が必要なのです。今いかに哲学が軽んじられているか、具体的に申しあげましょう。例えば、ドイツのアカデミズム世界で、哲学が学ばれていたとしても、歴史哲学の教授の職は一つもありません。ドイツでは、誰一人として歴史の哲学を研究してはいないというわけです。最悪です。

アメリカのシステムでも同じです。歴史の哲学の研究者は2、3人はいるかもしれませんが、それは歴史が終わる可能性もあるという幻想の結果で、ほとんど研究者はいません。歴史が終わることはありません。今は妙な形で……、漫画かおかしな空想物語のような形で歴史が再現されています。例えばトランスヒューマニズム、すなわち、科学技術の力によって人間の精神的、肉体的能力を増強し、けが、病気、老化なども克服しようとするものや、あらゆる問題をロボットで解決しようというもの。人工知能やロボットの論文は実は、再び歴史を終わらせようとする試みです。新たな神学です。

ですからおそらく本当の歴史は、始まりも終わりもない歴史、人類の無限の歴史は、私たちが神は本当に死んだと思った時にしか、真の意味では達成できないのでしょう。

## 誰もが信心深い今、哲学は力を持つ

それにしても、どうしてこのような「悲喜劇」が続くのでしょう?

ドイツでもフランスでも、一般的に西欧の哲学が無力と思われるようになってしまった原因、その一つは、明らかに20世紀の二つの《力》、すなわち欧米的な資本主義と民主主義で最適化されているという考え方でした。このことにより人々は歴史の概念を信じることをやめてしまったのです。ですから、歴史について話せば、その人は直接あるいは間接的にヨーロッパの植民地支配の歴史に向き合うことになると、多くの人が思い込んでいます。

それはもちろん大きな間違いです。西欧の歴史の概念にまつわるあらゆる間違った推論の最もいい解説は、例えば、マーティン・スコセッシ監督の映画「沈黙―サイレンス―」に見ることができます。そこでは、ポルトガルの神父が話すキリスト教徒が考える終末論と、日本人の考えるまた違った自然との関係の形との間で、対立が見られるのです。

自然や神との関係は、今、私たちが再考しているもう一つの事柄です。誰もが信心深い時代に私たちは生きています。宗教は終わると思っていましたが、こんなに人々が信心深い時代は、これまでにありません。

## この世に幼稚な国家も大人の国家もない

歴史という概念の危機に対して哲学者は、それを規範性の概念に置き換えたのです。ヘーゲルが歴史哲学に関して啓発した人物として有名だと思われているかもしれませんね。コンドルセやルソーやヘーゲルが。これは、歴史は巨大な自動装置であるという考え方を擁護しているようなものなのです。それが「幼稚な」国家や大人の国家等に関する啓蒙でありファンタジーとなっているのです。この世に「幼稚な」国家も大人の国家もありません。なぜなら国家は動物でも人でもないからです。

これは単なる見当違いのメタファーだと言うべきです。歴史が自動的に展開するものであるということを信じなければ、歴史は……、きちんとヘーゲルの本を読めばこの点で彼が言ったことはまったくその通りだったと思うのですが……、彼はしばしば自分を表す際に言及されるようなデタラメな発言はしていなかったはずでした。ヘーゲルが確信していたのは、歴史がつくられるのは、彼が言うところの「自由の意識における進歩」があった時だけだということです。

では、自由とは何でしょう？　「自由」とは規則で律された行動で、受け入れる規則を認識していて、どうにもならない時は手放せるものです。例えば、人々が奴隷制や帝国主義の継続を諦め始めた時、その人々は自らの行動を、植民地における行動を決めていた規範が見当違いだったと理解したのです。それが歴史的瞬間で、自由の意識における進歩があった瞬間です。

歴史が私たちの選択と関係なく起きることはありません。「自由の意識における進歩」である歴史は、私たちが自由の意識がどちらへ向かうべきか、わかった時のみにつくられるのです。私たちが今行わなければならないのは、トランスヒューマニズムと戦うこと、自分たちが自由ではないという概念と戦うことです。私たちの知らないところで誰かが私たちの行動を決めているという概念と戦うことです。それから、どこに実際の問題があるのかを再考するために戦うのです。考えてみてください。地球には何百万人もの難民がいるのです。ヨーロッパで難民危機が起きているだけではありません。難民危機は南米など、世界中で起きているのです。アジアやオーストラリアでも難民危機が起きています。一つの危機ではありません。難民は大勢いるのです。

大勢のこの難民が政治的な勢力争いの道具として利用されています。これは奴隷制ぐらい悪いことです。奴隷制は最悪です。ですが今日、私たちが目にしている難民危機も奴隷制ぐらい最悪です。この問題に正しく対処しなければ、私たちは単純に悪だと言わざるを得ません。

この危機に正しく対処すれば、私たちは、歴史を進歩させられるのです。ですから思うに私たちには、まさに現代的な基本的価値観が必要なのです。ポストモダン、つまり〈近代〉の後にやって来る危機を乗り越えるためです。そして基本的価値観とは「普遍主義」です。「自分があの人だったかもしれない」と認識することです。地中海で溺れている女性や、飢えている子供は自分だったかもしれない。それがすべての倫理観の原理です。

## 民主主義を信じるということ

今私たちが実践している民主主義は、意見の対立を調整するための特定の方法です。それ自体は、問題ありません。私たちにはこの方法の合意と継承が必要なのです。

だから私はいつも民主主義を潜在的なコミュニティと定義しているのです。それが民主主義です。相手を受け入れれば、あなたは民主主義者です。みんなが自分に同意してくれる状態が好きなら、そうなると満足なら……批判されるのはイヤですよね？　いい気分ではありません。ですが、それでもすぐに殺し合うのではなく、常に相互に批判し合っている状態こそ、民主主義が機能している証拠なのです。それはむしろいいことです。

そして、民主主義が機能するのは、私たちが普遍的価値をこの仕組みのベースとして受け入れた時だけだということも、同時に認識しなければなりません。普遍的価値は他人や他の種の動物の苦しみを理解する人間の度量次第なのです。この度量が民主主義の基盤です。私たちがそれを諦めて、民主主義の衰退を許せば、あっという間に崩壊するでしょう。

これがまさに現代の民主主義の危機です。繰り返します。民主主義の恩恵を享受する民主主義者が、民主主義を信じなくなる。それが危機なのです。民主主義を信じるということは、みんながきちんとした生活を送れるように助けようとする、ということです。

## ホッブズの自然状態の恐怖を越えるために

ホッブズの自然状態の概念については賛否両論、さまざまなものがあります。彼は何を言っているのでしょう？　実際に彼の『リヴァイアサン』を読んでみると、自然状態について彼が挙げている唯一の喩《たと》えは、アメリカの先住民の国家です。アメリカでの戦争に関して経済的関心があったのです。ですから基本的に私が思うには、ホッブズの『リヴァイアサン』は政治理論ではなく、大虐殺を正当化するプロパガンダのための本だという言い方もできるのかもしれません。率直に言えば、ヒトラーの『我が闘争』のイギリス版で、大虐殺を正当化する本だとも言えます。

彼は先住民が文明のこちら側の法律によって統治されていると思いたかったのです。ですからホッブズは、「文明はもろいものだ。彼らを見よ」と言おうとしたのです。「彼ら」を、「未開人」と思った瞬間、人はその人たちを全滅させたくなる一歩手前にいるのです。その人たちを自分たちの文明に同化させるか、抵抗されたら殺すかという選択になるのです。これが基本的にホッブズが言っていることとも解釈できます。彼は政府の形態を正当化する理由を提示するよりも特定の行動を勧めているのです。規範的な論文で何を表しているわけでもありません。当時もこのように理解されていました。ですから、彼が何かを言わんとしていたかは明白です。そしてその後、人々はさまざまな本を読むようになり、私たちには残虐な人間性があり、それは政府により管理されなければならない、という考え方が当然だと思うようになりました。

しかし、それは間違いだと思います。良い人間性も残虐な人間性も、そんなものはありません。私たちは生まれつき良くも悪くもないのです。社会契約を決めるカテゴリー自体、そのカテゴリーの外の自然なものには適用できないのです。木の成長や水虫は良くも悪くもありません。ただ起きていることです。

ですから私たちは、政府が何らかの残虐な力を管理しているという考え方を捨てなければなりません。政府は人間の残虐性や残酷性を管理するのと同じぐらい、それらを増やしています。政府は自然状態を克服しているのではありません。自然状態なんてないのです。自然状態を説明できる人はどこにもいません。これが、私たちが学ばねばならないことです。でなければ私たちは相変わらず他の人を論じてしまうのです。

私たち大勢の人間が、今現在シリアのことについても、シリアがあたかも自然状態に戻ったかのように思っています。生きるためにもがいているとメディアで報道されるからです。ですが違います。あれは戦争なんです。戦争は自然状態ではありません。

## 民主主義は声なき者を尊重する制度

ルソーの思想は、素晴らしいです。フランスの政治哲学の分野で特にコンドルセや「陪審定理」によって明確にされました。コンドルセが確率論を用いて証明に成功したのは……確率論はフランスで18世紀に出てきた新しい理論でしたが……陪審あるいは集団に真実を与えて、意志決定の手続きを説明すれば、彼らは正しいことをなす確率が高いということでした。自らそうするのです。

ですから真実は、確率計算によれば、さらなる真実へと繋がるだけでなく……これは理論的に証明できますが……全員の利益に繋がるのです。思うにこれが「一般意志」の概念なのです。「一般意志」とは冷静なすべての人に共有される意志です。ルソーは民主主義に関してまったく正しいことを言っていると思います。私たちは「一般意志」を探すべきで、それは「全体意志」とはまったく違うカテゴリーです。

XYZがABCをしたいことを知っていて、それにはどうすればいいか、なんとなくわかったというのとは違います。どうすればいいかを知る最適な方法は、全員が賛成する合理的な手続きを決めて、専門家の知識を与え、その知識を受け入れ、手続きに沿うこと。そして人間の幸福度を増すのです。これが、今日の地球温暖化の危機等を含む科学的事実の否定が有害な理由です。嘘よりも真実を信じた方がマシなだけでなく、真実を信じなければ死んでしまうのですから。

ベンサムや伝統的な功利主義者が概して厳密にわかっていないのは、「一般意志」の概念だと思います。もしくはイマヌエル・カントがのちに言った「理性」の概念です。カントもルソーも功利主義を認めていましたが、定量化については懐疑していました。民主主義が定量化すればいいだけのものなら、民主主義の国家主義版も当然、想像できるはずです。

ナチスの全員に投票させたら、誰が大量の殺害に賛成するでしょうか？　状況が整えば過半数の票を得るのはヒトラーにとって簡単だったかもしれません。ですが私たちはこう思うでしょう。「それは違う。何かが間違っている」と。過去には、これがアテナイ人の民主主義の弱点だったのです。彼らは、民主主義は数字による法律になり得ると思ったのです。それが正しい測定法だと。なぜなら古代ギリシャ人は原始的な数学を信じていたからです。数字がいろいろあって、それを測定する方法がある。測定する尺度が合っていれば全部正しいはず。それが正義に関する初期の概念でした。

では、正義に関する正しい概念とは何でしょう？　正義に関する正しい概念はフランスの哲学者であるジャック・ランシエールによって説明されました。彼は政治を「声なき者に声を与えるもの」と定義しました。つまり民主主義は声なき者を尊重する制度です。

もしあなたが多数派で、あなたに権力があれば、あなたは力をそれほど持っていない人間に対して責任を持つということです。力がある者は、それほど力がない者を支配して戦争を始めようとしてはいけないのです。彼らは柵の向こう側にいるのはどんな気分だろうということを常に考えながら治めなくてはなりません。これが『正義論』を著したアメリカの哲学者ジョン・ロールズの有名な「無知のベール」の概念です。権力者ではなくても、自分がどちら側になるかわからないかのように常に行動すること。物事がどうなるかわからないことを前提とすること。それを行動原則にすべきだということです。カントはそれを「理性」と呼びました。私たちはある程度合理的ですから、自らに権力があるという事実を無視することもできるのです。

## 民主主義の中にある真実の均衡

少数派の人々、マイノリティーをどう考えるかに関してはさまざまあります。「彼らは少数派だ」ということは私たちにとって何を意味するのでしょう？　彼らは一見、民主主義の脅威となりそうです。私たちは自分たちの社会の手続き上、多数派の票を得る存在だとしましょう。彼らに数で勝てれば、票数で勝り、圧倒するのも容易です。しかしながら、これが民主主義においては反制度主義が存在する理由なのです。一種の民主主義ではない反制度主義が民主主義によって認められるはずなのです。これには例えば芸術、宗教、科学と哲学を含みます。

これらは反制度主義で、基本的に民主主義とは異なるものです。知識に関しては別の話です。私が何かを知っていて、例えば量子物理学の専門家だったら投票なんかありません。私がすべてを知っていて、もし私が例えば宇宙のエネルギー量の合計等をだいたい知っていたら、それが答えで、何かが変わったりする余地はありません。

ですから民主主義の中でも専門職があって、それが多数票の概念との均衡を保っているのです。これは同時に、私たちが今よりも、もっと真実を尊重すべきだということです。もし宗教的信条に基本的な間違いが見つかれば、そこは指摘しなければなりません。「信教の自由」とは、私たちが神権政治をも我慢すべきだという意味ではありません。断じて違います。神が私たちの政治的問題を判断して解決してくれるという概念は単純に間違いです。それらの間違いを指摘できる環境でなければなりません。

ドナルド・トランプがそれを忘れないといいです。彼は信仰に厚すぎる側面もありますからね。トランプは自分がとても信心深い人間だと主張しています。彼は二重話法、受け手の印象を変えるために言葉を言い換える修辞を頻繁に使う人間です。ですから、この点はもっと注意するべきだと思います。トランプと彼が属するプロテスタントの宗派、そしてアメリカの歴史の中でその宗派が政治風土の形成にどのような役割を担ってきたのかを調べるべきです。

## ドイツ帝国の崩壊に学べ

例えば、20世紀初頭に活躍したマックス・ウェーバーは、ワイマール共和国の先駆的な理論家でした。ワイマール共和国は、第一次大戦後、ドイツに生まれた民主共和国でしたが、わずか14年で崩壊、ヒトラーのナチス政権の誕生を許しました。

ウェーバーは、ドイツ国内の特定の社会状況の変化について、こう言っています。幾度もの戦争の中で1871年に残念ながらフランスが敗戦して、そしてつくられたドイツ帝国はその後のドイツという国の基礎になりました。このドイツ帝国はすぐに大失敗だとわかりました。その始まりから国は失敗だったのです。占領したフランスに国をつくって、パリで皇帝の戴冠式を行った時点で、すでに何かが間違っていたのです。ヨーロッパという環境下で新しい国家ができるにあたり、あれがベストな瞬間だったとは言えません。その後に何が起きたかを見れば明らかです。

マックス・ウェーバーは国家が失敗するのを……、初のドイツ人の統一国家ができて崩壊するのを見たのです。彼はその失敗をのちに理論化して、第一次大戦後も引き続き考察し続けました。そして彼は民主主義と共和制に関して懐疑的になります。知識層によるこの懐疑心と20世紀初頭の大規模な経済危機、その他諸々の事柄が一緒になって第二次大戦へと突き進んだのです。

この懐疑的な推論と民主主義の機能に関する一種の陰謀説は、当然ながら民主主義に常に組み込まれているものです。民主主義とは自らを問うものなのです。このことも忘れてはなりません。ウェーバーの思想を急進的にしたものがナチスの一流の法学者であったカール・シュミットによる法哲学にも見られます。こういった民主主義の機能に対する懐疑的な社会的思想には暗い側面があるのです。

## 民主主義は生き残るための唯一の選択肢

ここで面白い質問をしましょう。私たちはサバイバル・スリラー映画「ハンガー・ゲーム」の世界に生きているのでしょうか？　どうでしょう？

その証拠らしきものはあります。世界の多くの大都市には、中心と郊外の役割があります。東京やニューヨーク、パリにも都市の中心と郊外の問題があります。世界規模での中心とその周辺地域という問題もあります。これはすべてまるで「ハンガー・ゲーム」のようです。

これが私たちの中に一種の懐疑心をつくり出すのかもしれません。これの意味するところは、実は私たちがまだ民主主義を実現していないということだと思うのです。民主主義は未だに、常にこれから実現されるものです。最先端と規範を混同してはなりません。

私にとって民主主義とは……、私が民主主義に付随すると考える基本的価値とは、私たちが自分たちの良心と全体的な倫理観の欠如をもって受け入れようとしている公的領域の可視化です。ですから、私はこう思います。民主主義とは悪を認識して正す手続きです。少なくとも、第二次大戦後のドイツでは、歴史ができる限り繰り返されないように、すべての制度が厳密につくられたはずなのです。

民主主義は常にそうあるべきだと思います。私たちの倫理観の進歩に照らし合わせて、法律制度や法律自体を改正すべきなのです。私にとって民主主義は社会の倫理観の進歩を実践に移したものです。問題は倫理観や道徳観です。だからこそ私たちは民主主義下での腐敗や金権政治や不正を嫌うのです。そうでなければ説明がつきません。

その意味で、民主主義は、手続きや制度の中で普遍的価値を実現しようとする試みだと思います。その考え方を諦めたなら……あり得ることですが……その時は見たこともない暴力の世界に私たちが逆戻りするだけです。

現在、世界にはさまざまな技術や社会があり、それらは啓蒙された価値観という基盤の下に成り立っているのです。それを決して忘れないでください。私たちは科学と技術、信教の自由の時代に生きています。

もしそれが……、民主主義の世界的価値観が崩壊したら、今までに見たことがない規模の戦争を目撃することになるでしょう。ですからこの一連の考え方を守る価値は確実にあるのです。今のところ人間がみんなで生き残るための唯一の選択肢です。

## あとがきに代えて

# 民主主義が世界の景色を変える時

2016年、世界最大の英語辞典、オックスフォード辞書が、その年を象徴する言葉として、「post-truth」を選んだことは話題となった。直訳すれば、「ポスト真実」。まがい物、フェイク・ニュースが流れる時代、何が真実で何が嘘か？　客観的な事実よりも感情的な訴えかけの方が世論形成に大きく影響する状況を示す言葉だ。もちろん、イギリスの欧州連合離脱、アメリカの大統領選の結果を反映させてのことだという。

言葉は、現実とは異なる自立した世界をつくれる。そのことに可能性を見出す動きが強まった時代があった。面白い着想だった。だが、言葉だけの世界は、いつの間にか自立どころか独走し、空転し始める。言葉を言葉で定義する袋小路に入ってしまう。それが少なからず人口に膾炙《かいしゃ》した時の「ポスト構造主義」、そしてその時代に「ポストモダン」という呼び名であたかも一つのファッションのように広まっていってしまったのは、不幸だったのかもしれない。もちろん、そうした「誤解」を避け、あるいは「誤解」と戯れることで、さらに高等戦略に出るジャック・デリダのような哲学者もいたわけだが、そうしたありようも、残念ながらバブルの時代の日本では、単なる言葉遊びとされ、消費されていった側面は否めない。

そうした「世界」を想定し、そのことが独り歩きを始める時、僕らは、ある種の不自由を抱え込み、戦わなくてもよい人々と戦うことになってしまう。ポストモダンが消費社会の中で流通していった時の可能性と限界。その時、僕らは、言葉でできた自らの存在の不安に苛まれることになってしまう……。出来の悪いSFのようだが、実際、1980年代から90年代、「現代思想」と呼ばれるフィールドへの好意的でない批評は、「インテリの言葉遊び」という中傷となることが多かった。その対極に、むき出しの本音主義が生まれ、身も蓋もない言葉が残された皮肉もあったように思う。そして今、フラット化する世界の、ITが開いた中世のような空気の中、再び、この言葉の袋小路から脱出しなくてはならないのだろうか？　そしてまた、本当に不思議なめぐり合わせで、AI＝人工知能が、現実とは異なる一つの世界をつくろうとしている。世界の知性たちの言葉を味わい、ホッブズを読み直し、ルソーを読み替え……、今を、これからを感じ考えてきた旅も、ひとまず終わろうとしている。

渇望から、不安から、焦燥から……、蠢き、解が見えない「欲望の民主主義」。実はこの企画の前に、経済社会のあり方を再考しようという発想があった。その名も、「欲望の資本主義」。やめられない、止まらない、欲望が欲望を生む、欲望の資本主義。そのダイナミズムを捉えようという壮大な話だ。地球上のすべてを飲み込もうかという資本主義の波、その本質を追究するうちに、しかし、世界は逆回転を始めたかに見えた。イギリスのEU離脱、アメリカのトランプ現象、フランスの極右の台頭、とひとまずはステレオタイプで語られる現象が、グローバリズムという名の大波を止めようとしているのだ、という一つのストーリーが生まれた。その内実をつぶさに見ていこうとしているのが、本書でもあるわけだが、資本主義の考察の後に見えてきた民主主義のせめぎあい、そしてそこに広がる景色は、いかがだっただろうか？

「欲望の資本主義／民主主義」をめぐる対話を通してあらためて考えたことの一つは、資本主義を成立させている外部性についてだった。もうすでに、80年代から岩井克人、柄谷行人らよって理論的には指摘されていたことではあるが、実際、冷戦構造が解体し、グローバル化が急進、ITによる市場原理の世界化……といった流れは、資本の運動をせき止める異なるイデオロギー、国家、共同体など「外部」の存在感を消失させた。それは、資本主義が「外部」を必要とするシステムだということを、皮肉にも帰納法で証明する歴史ともなったように思う。そして今、「外部」を常に必要とするシステムは、人間の内面に「外部」を求めることになったのか？「欲望の資本主義」の番組内でも、これからの一つの希望は、「禅資本主義」だという言葉がニューヨークのアナリストの口から漏れた時、少し複雑な気分になった。もちろん、そうしたセンスの広がりにも社会の秩序を保つ効用はあるだろう。しかし同時に、仮に資本主義が暴走するのであれば、健全なストッパーは、民主主義でなければ、民主主義の更新でなければならないのではないだろうか？

もちろん、それは単なる懐古趣味でもなく、妙な精神論で空回りするのでもなく、実効性のある哲学でなければならない。日々の実践に耐え得る考え方でなければならない。その発想のヒントを本書から見つけていただければ幸いだ。

本書のベースとなったBS1スペシャル「欲望の民主主義～世界の景色が変わる時～」の制作にあたっては守屋史ディレクターの尽力無しには語れない。単に知識人の意見ばかりではなくまさに現場からダイレクトに伝わる肉声を精力的に取材、映像構成に厚みを与えてくれたこと、あらためて感謝申し上げたい。アメリカで、フランスで、さまざまな街中にあふれる人々の声を集めることで、より立体的に状況が浮かび上がった。また多面的な映像の構成については、「欲望の資本主義」同様に、宮田耕嗣さん、山本宏明さんに、大変お世話になった。

大学の仕事の合間を縫って、パリへと飛び、現地取材、番組ナビゲーターとしてリードしてくれた、吉田徹さんにも最大限の感謝を申し上げたい。吉田さんだからこそ引き出せた知性たちの言葉の数々、本書にも膨らみある彩りを与えてくれている。

またフランス現代史の研究で著書もある、テレビ東京の大岡優一郎さんには、取材の段階から お世話になり、インタビュー翻訳にも目を通し貴重な助言をいただいた。あらためて感謝したい。最後に本書の編集の竹村優子さんにも、この場を借りて御礼申し上げたい。放送をご覧になって、熱いツイートをいただいたことが書籍化へのきっかけだったのだから。彼女からの強い働きかけがなければ、本書は生まれなかった。


2017年秋、ますます混沌とし、錯綜する内外の政治状況の中、やはり問い続けること、その意味を更新し続けることの重要度はさらに高まりつつある。

民主主義とは何か？　対話の道はどこにあるのか？

分断を越える哲学を思考し続ける旅は、終わらない。

# 解説に代えて
# ――民主主義という〈欲望〉を生きる

吉田徹

世界中で民主主義が劣化しているようにみえる。イギリスの『エコノミスト』の調査機関EIUが毎年公表する「民主主義指数」で、アメリカは2016年に初めて「完全な民主主義」から「欠陥のある民主主義」へと格下げをされた（ちなみにこの指数をランキングでみた場合、アメリカは21位、日本は20位、つまり同じ程度の民主主義ということになる）。20世紀はアメリカの世紀であったとともに、民主主義の世紀でもあったことを考えると、アメリカのこのランクダウンは大きな変化を象徴しているようにみえる。この指数が発表されたのはトランプ大統領誕生の前のことだったから、トランプ大統領は、アメリカのこの民主主義の変調の結果であって、原因ではないのだ。

アメリカだけの問題ではない。イギリスのEU離脱の国民投票やヨーロッパ各国のポピュリスト勢力の伸張は、民主主義の平常運転がもはや不可能であることを示唆しているようだ。ここ日本でも、街頭では「民主主義ってなんだ？」と問う声が轟く一方、ネット空間では「ネトウヨ」やら「パヨク」といった罵詈雑言が飛び交い（かくいう私もそのとばっちりを受けたりする)、世論の分断はかつてないほど深まっていっているように思える。

民主主義の現在地はどこであり、一体どこに向かっているのか。民主主義は壊れていっているのか、それとも新たなものへと進化していっているのか。そもそも民主主義が壊れるとか、進化するとは、何を意味しているのか。民主主義を突き動かしているのは、恐怖なのか、希望なのか。もはや民主主義は人々に善をなすものではなく、害を与えるものになっていっているのではないのか。だとしたら、民主主義はどこで何を間違ってしまったのか。いや、間違ってみえるのだとしたら、それは民主主義をみる私たちの物差しが古くなってしまっているからではないのか——こうした当て処もない、しかし深刻な問いを抱えたまま、世界の知性や実務家は、民主主義という景色をどうみているのかを尋ね歩いた成果こそが、この本だ。それは、先達に教えを請うというより、民主主義の現在を理解するためのヒントを探す旅であり、答えを探すというより民主主義という現実を知るための旅でもあった。もとより、民主主義に予め用意された正しい答えなどないのだから。

## 悲観的なアメリカ、楽観的なヨーロッパ

番組をみて頂ければわかるが、実際のインタビューは米仏独の3カ国にまたがる計10名に及んだ。識者だけではなく、「バンリュー」といわれる、治安の悪いパリ郊外の公営住宅街に住

み、屈託のない笑顔をみせる移民系の子どもたちに話をきくこともできた。ここで再録したのはその中の6名に限られるが、民主主義が上手くいっていないという点では意見の一致をみつつ、その診断は様々だった。

Ⅰのヤシャ・モンクは、私たちが当然のものと思っている「自由民主主義」という政治がいかに脆いものであるのかということに警鐘を鳴らした。民主主義は、資本主義や自由主義と決して相性が良いとはいえない。それだけにそれを維持するには不断の努力が必要だという。モンクは先進国でなぜリベラルな政治に批判的な民主主義が生まれているのかについて考察する若き俊英。彼は自由と民主主義が危うい均衡の上に両立していることを、マクロの視点から一貫して指摘してきたが、その均衡がいよいよ崩れる瀬戸際にあるかもしれないとする。

Ⅱのジョナサン・ハイトは、ここからさらに一歩踏み込んで、社会心理学の立場から民主主義的要素は強く抑制されるべき段階に来ているかもしれないという。アメリカでは人々の間に横たわる不信や嫌悪がかつてないほど高まっている。そうした状況下では、民主主義はむしろ上手く機能しなくなってしまう。ハイトは人々の心性に注目する道徳心理学を応用して、ミクロな観点から、社会になぜ分断が生まれるのかを説得的に論じて注目を浴びた科学者だ。人々は利己的かつ集団的な存在でもあるのだから、それを前提としたままでは民主主義は必然的にあらぬ方向へとドリフトしていってしまうという。

IIの後半からは、場所を変えて、アメリカからヨーロッパへと旅が続くことになる。民主主義に対する悲観論が目立ったアメリカの論者と比べてヨーロッパでは、むしろ民主主義の潜在力に期待する意見が目立った。最初に登場するシンシア・フルーリーは、民主主義とは、1人1人の能力を最大化することができる条件のことだとしている。彼女は、病院などでカウンセリングも手掛ける精神分析医でもある。フルーリーは、自らのために、人々と協働して、物事を変えることができるのが民主主義だと強調して、民主主義とは個人を解放するものだと今一度思い起こすべきだとする。

民主主義の持つ危うさを自覚しつつも、それに楽観的な期待をかけるのはマルセル・ゴーシェも同じだ。彼は、議会や政党が市民を代表するという代表制民主主義が、グローバル化などによって強い批判にさらされている状況に危機感を露わにする。統治する側と統治される側との間の和解不可能性はかつてないほど高まっている。それでも民主主義を諦めることはできない。なぜなら、社会の問題は政治の力によってというよりも、社会の持つ力によってでしか解決できないからだという。ゴーシェは宗教や信仰が民主政治や個人の政治意識とどう関係したのかを歴史的に検証して世界的な名声を得た哲学者だが、高校教師だった経験もあるからか、いつも前向きなメッセージを発し続ける。

反対に、個人を解放してしまったがゆえに民主主義は困難な状況に追いこまれているとするのは、ジャン＝ピエール・ルゴフだ。ルゴフは、フランスの「1968年世代」（日本でいえば学生運動を闘った団塊の世代に相当する）を代表する識者の1人だが、彼は自身の経験から、個人を解放したからといってそれだけで民主主義が上手くいくわけではないことに注意を促す。なぜなら、個人の解放は民主主義が機能するために必要な共通意識や共有された前提などを掘り崩していくからだ。そのことこそが、現在の民主主義の抱える困難の原因となっているとする。そのために強力なリーダーが求められる場合もあるとしている点ではゴーシェと同じだろう。

最後に登場するのは、ドイツ史上、最も若くして大学の哲学科教授に就任したマルクス・ガブリエルだ。天才肌のガブリエルは、これまでの論者のように、民主主義についての本質論（それが何であるのか）を展開するのではなく、その機能面（それはどう作用するのか）に注目した議論を展開する。その上で彼は、民主主義が民主主義であるためには、人々が民主主義者であることを必要とする、という一見、身も蓋もない議論を展開する。しかし、そのメッセージは極めて根源的な意味合いを持っている。なぜなら、それは私たちが何を民主主義的かと考える意味内容を、みなで共有していくプロセスを内包していることを意味するからだ。そのプロセスを得ることで民主主義は普遍的なものへと昇華していくのだ、と。

このように世界の知性たちの答えはバリエーションに富んでいる。しかし、1．現在の民主主義が大きな変化に直面していること、2．その中で恐怖や不信といった人々の心や感情が無視できなくなっていること、3．問題の克服は民主主義以外の選択肢を通じてではなく、民主主義が持っているポテンシャルを引き出すことによって可能となること——大きくいって、この3つの点において共通しているようにみえる。この3点をさらにブレイクダウンした場合、加えて3つの位相が立ち表れるように思える。この本の根底を流れる問題意識を明らかにするためにも、補助線を引きつつまとめてみよう。

## 問題その1——グローバル化

まずひとつは、グローバル化の問題だ。グローバル化は、人の移動に象徴される社会的なグローバル化と、モノとカネの移動に象徴される経済的なグローバル化に分けることができる。ただ、何れのグローバル化も既存の民主主義に強いストレスを与える。その最初の理由は、民主主義は見知らぬ他人と、何かを共有する、共有したいと思うことでしか機能しないからだ。民主主義の定義には様々なものがあるが、その最も簡素なものは「共同体（国や地域、企業や家族など）のみなで決めたルールはみなで守ること」というものだろう。つまり民主主義とは、「自分で自分を統治する」ということなのだ。ただ民主主義にあって、この「自分」は自分1人ではない。共同体を構成する1人1人が等しく発言権を持っているのだから、他人の意思や意向も、共同体のあり方やルールに反映され、それが各自によって尊重されなければならない。そのことを「一般意思」と呼んだ哲学者ルソーは、民主主義の理想を自らの出身地のスイス・ジュネーブに求めたが、それはこの都市の人口が当時2万人に過ぎず、市民同士による自治がスムーズに行うことのできる規模だったからでもある。

そこで、グローバル化によって沢山のヒトが勢いを持って共同体に流れ込んでくれば、自ら作ったルールや約束事が、それまでその共同体に属していなかった人々によって大きく変えられてしまうかもしれない。スイス人ならばスイスのことを決める主権者として認められるが、移民や外国人といった他人が、本来であれば自分たちで決めるべき自分たちの運命を決めてしまい、その果実を得るのではないか、という理不尽な思いをグローバル化は民主主義にもたらす。スイスは、住民が広場に集まって挙手で物事を決める直接民主主義の国として知られるが、一方では最近、移民の受け入れを制限すべきだとする国民投票が行われるまでになっている（これは50・3%の僅差で可決された）。世界の人口の6人に1人以上が国外に移動する経験をしている時代にあって、アメリカでトランプがヒスパニックを非難し、ヨーロッパで極右政治家がイスラム系市民に社会への同化を求めて、それが世論の一部から強く支持されるのは、自分たちの命運が自分たち以外の人々に決められてしまうのではないかという恐怖心からだ。

こうした思いはカネのグローバル化によっても生じている。世界で取引される1日のおカネの額は、為替取引に限っても600兆円（これは日本の年間予算とほぼ同じ額だ）と、ここ20年で数倍にまで膨れ上がっている。その中で一国の政府にできるのは、このグローバル化に抵抗するのではなく、それに棹を差して、世界市場から生まれる利益を国民に再分配することだ。しかし、そのためには国が持っている経済的な主権（金利や財政支出の水準、税制など）を部分的に手放さなければならない。日本を含め、ただでさえ先進国は90年代以降に低成長時代に突入し、かつてのような手厚い再分配はもはや可能とならない（ちなみに今の日本の関東地方の1人当たりのGDPはブラジル並み、北海道はエジプトと変わらない）。それゆえ、経済のグローバル化によってむしろ損をすると感じ、主権の庇護を必要とする「グローバル化の敗者」は、経済グローバル化から距離を置くようになる。こうしてイギリスではEU離脱が実現し、フランスでは極右政治家のルペンがユーロ離脱を訴え、アメリカではトランプがTPP（環太平洋パートナーシップ協定）やNAFTA（北米自由貿易協定）からの離脱を表明することになった。問題は移民排斥や保護主義が正しいか正しくないかではなく、国の中でそれによって得をする人々と損をする人々との間で利益が大きく異なっていることなのだ。

言い換えれば、これまで民主主義の範囲と国民国家の範囲は、ほぼ同じ領域に留まっていたのが、内部（民主主義を構成する人々）においても、外部（国民国家を取り巻く環境）においても、少しずつズレをみせつつあるというのがグローバル化の時代の民主主義なのだ。フランス革命以来、国民国家こそが民主主義の母体となってきたことを考えれば、両者が離反すれば、人々は民主主義者であることよりも、○○人という意識が先行することになる。これがなぜグローバル化時代にあって、自国ファーストが横行するかの理由のひとつだ。

それでも、社会学者ジグムント・バウマンが喝破したように、グローバル化に反対することは日食に反対するのと同じことだ。より早く、より多く、より遠くという私たちの欲望を実現するには、18世紀の発明品である国民国家だけに頼るわけにはいかない。私たちは民主主義を諦めることなく、グローバル化を受け入れて、これを脅威ではなく、チャンスとして活かす方法こそを編み出さなければならないはずだ。

## 問題その2──代表制民主主義

民主主義を取り巻くもうひとつの問題の位相は、代表制民主主義の問題だ。先にみたように、民主主義を、自分のことを自分で統治することと定義するのであれば、実際にこの統治を行うのは、選挙を通じて選ばれる私たちの代表者（政治家）たちである。これを一般的には代表制民主主義と呼ぶ。この原理は例えば日本国憲法の前文で「国政は、国民の厳粛な信託によるものであって、その権威は国民に由来し、その権力は国民の代表者がこれを行使し、その福利は国民がこれを享受する」という文言で表現されている。憲法はさらに「これは人類普遍の原理」であるとも謳う。

しかし実際には「国民＝有権者」と「政治家＝代表者」の間には、常にズレが生じ、これが自分たちのことは自分たちで決めるという民主主義の隙間風となって吹くことになる。隙間風が吹く理由は様々にある。代表者の側は、有権者からの期待に十分に応えることができず、他方で有権者の側は政治に何を期待するかがそれぞれ異なっており、まとまって行動することができない。「政治的有効性感覚」という専門用語があるが、それは市民が政治に参加することで、自らの思うような形で政治を動かすことができている、つまり民主主義であるという感覚のことだ。しかし、それがどんどん低くなっているのが各国の現状なのだ。

その結果、有権者は代表者に対して、代表者も有権者に対して、不信感をつのらせていくことになる。国際的な意識調査をみても、先進国では70年代以降から徐々に政治への不信が増大していき、90年代に入ってからは日本を含む各国で政治家や政党、議会に対する不信がさらに大きくなっていることが確認できる。日本では、選挙の度に投票率の低さが問題となるが、投票率が低下していっているのはどの先進国でも共通の現象だ。それは政治意識が低いからではなく、政治が自分たちの期待に応えていないからなのだ。

選挙は確かに代表制民主主義にとっての重要な契機であり、有権者が政治に参加するための重要な機会である。問題は、この議会の選挙によって決められることがかなり少なくなってきていることにある。国境や世代を越えるような深刻な問題である環境問題や不平等と格差の問題などは、一国の議会の一回の任期だけで解消できるようなものではなく、数十年間にわたって、各国がグローバルに協調することでしか解決しない問題だ。いうなれば、グローバル化に伴い、議会制民主主義の時間軸と人類の抱える課題の時間軸は大きくずれていっているのである。そうであれば、代表制民主主義は問題解決のための装置ではなく、問題を作り出している元凶とされるのもゆえなしのことではない。

先進各国での代表制民主主義への不信や不参加と裏腹に増えていっているのは、人々の直接的な政治行動だ。陳情への署名やデモ、ボイコットといった政治参加は、1970年代から2000年代の間にアメリカ、イギリス、(西)ドイツ、フランスなどでは、それぞれ倍増ないしそれ以上の伸びをみせている。さらに先進国に限っても、2000年代後半から2010年代前半の間に抗議運動の数は3倍以上増えているとカウントされている。つまり、政治家や政党による代表性や問題解決能力が低下しているのであれば、有権者が自ら行動することで、意思表示や課題解決に取り組むようになってもいるのだ。再びルソーの有名な言葉を借りるならば、彼は議会制民主主義の先祖であるイギリスの主権者を指して、彼らが自由なのは選挙の時だけで、それが終われば奴隷となってしまうと述べたが、主権者が奴隷ではなく、自らの主人であり続けようとしているのが現代の民主主義の姿である。

代表制民主主義は、憎しみの対象にすらなっている。イギリスでのEU離脱を問う国民投票運動では、白人至上主義思想に共鳴したとされる男性が、残留を訴える労働党の女性議員を射殺するという事件が世界を驚愕させた。イギリスのみならず、アメリカやドイツ、フランス、そしてここ日本でも、政治家が一般市民から暴力や嫌がらせを受けるような事件が立て続けに起きている。この一般市民から政治家への暴力は、その政治家が女性であることが多いのも特徴だが、このこと自体、現在の代表制民主主義の苛立ちを物語っているといえる。

## 問題その3——分極化

このように、民主主義は一方では頭上のグローバル化によって、他方では足元で進む政治不信によって挟み撃ちされ、袋小路にいたっているかにみえる。そこで3つ目の問題として挙げられるのは、社会でのますますの分断と分極化の進展だ。

アメリカでは2000年代に入ってから、共和党支持者と民主党支持者の間の意識の二極化が急激に進んだ。簡単にいえば、自らが保守的ないしリベラルだとする人々の数が増えていき、それまで単峰形（ひとつの山）に近かった人々の政治意識が二分化して双峰形（2つの山）の社会になってきているのである。共和党支持者と民主党支持者との間の嫌悪感は、白人が黒人に、黒人が白人に抱くような人種的嫌悪感以上になっているとする指摘もあり、また高学歴であればあるほど、この二極化が進んでいるというのも厄介な点だ。一方では、共和党、民主党支持の何れでもない無党派（インディペンデント）も増えているとされている。要は、社会はどんどん分極化し、断片化していっているのである。これでは民主主義は機能しようがない。

ヨーロッパでも2000年代になってから、いわゆる極右ポピュリスト勢力の伸張が著しい。2016年のイギリスのEU離脱がUKIP（イギリス独立党）によって主導され、フランスでは2017年の大統領選で極右ポピュリスト政治家のルペンがその後のマクロン大統領とともに決選投票に進んだことは記憶に新しいだろう。1970年代と比較した場合、こうした極右ポピュリスト政党の現在の得票率は西欧各国で平均5％から13％へと3倍近く増えている。フランス、ドイツ、イギリスなど多くの国で、ポピュリスト勢力は保革2大政党に次ぐ第三極の座にあるか、オランダやオーストリアのように場合によっては連立や閣外協力を通じて政策に直接的な影響を与えるまでの存在になっている。ポーランドやハンガリーなどでは与党の座にある。このように、先進国では従来の保革対立に加えて、保革にまたがる形で親グローバルと反グローバル勢力が広がり、従来の右と左ではなく、上と下との対立が強まっている。結果として、政党政治の世界では分断が広まり、有権者は寸断され、社会は断片化して、安定した多数派が作れない分極化の状況が生まれている。そして、誰しもが民主主義の主人公ではなく、民主主義から阻害されているように感じているのだ。

こうした対立は、民主主義を2つの世界に分断している。アメリカの大統領選、イギリスの国民投票、フランスの大統領選での有権者意識を比較すると、アメリカでトランプに、イギリスで離脱に、フランスでルペンに投票したのは将来を悲観し、国際協調や個人の自己決定などリベラルな価値を快く思わない人たちだ。反対にクリントン、残留、マクロンに投票したのは将来に期待し、自国が世界に開かれて変化が起きることを歓迎する人たちだった。こうした対立、そしてこの対立を調停できないことで、民主主義は内側から蝕まれていっているのだ。

## 「希望」を欲望するフィクションとしての民主主義へ

実際に民主主義は偶発的ともいえる、様々な奇跡的な条件が連続することで成り立ってきた。過去70年以上にわたって民主主義が安定していたかにみえるのは、20世紀初頭から半ばにかけて二度の世界大戦があり、その反省から不平等が是正され、3倍にもなった人口増で経済成長が実現し、さらに東西冷戦によって大きな戦争が起きなかったからだ。

ルゴフも言及している政治学者ハンチントンは「文明の衝突」（1993年）論文で知られているが、それよりも前に書かれた『第三の波』（1991年）で、彼は民主主義は必ず後退の波を経験するものだ、と指摘している。1860年代からのアメリカやヨーロッパ諸国での民主化は、その後1930年代に入ってファシズムや共産主義によって挑戦されることになったし、戦後になって世界で民主主義が当たり前のものとなった一方、東南アジアや南米では独裁政権が次々と樹立されていった。このように、民主主義は実はそれほど当たり前のものではない。ハンチントンのいう「民主化の第三の波」は、19世紀半ばと20世紀半ばに続いて、1970年代の南欧（ポルトガル、スペイン、ギリシャ）と冷戦後の東欧で起きたと説いたが、その後21世紀に入ってから、私たちは民主主義の後退の局面に入っているかもしれないのだ。

本書でゴーシェは、私たちは政治的退廃の時代を生きているのであり、そこでは情念が理性を支配するようになっていると指摘している。このように先行きが不透明になり、見通しが利かない時、人々はかつて手にしていた羅針盤を捨てて、恐怖心から本能に従おうとする。そこで生存するためには、実際に生存している強いものに従うこと、つまり権威に従うことが合理的になる。

「欲望の民主主義」は17世紀の思想家トマス・ホッブズによる『リヴァイアサン』を導き手にしている。「恐怖こそが私の生みの母親だった」と述べ、宗教戦争と国家間戦争の時代に生きたホッブズは、そこから人の恐怖心こそ、民主主義の鍵となることを発見した。恐怖という人間の情念を元手にして、人間の欲望を手なずけるという理知を働かせたのがホッブズの思想だった。

すなわち、人々は放っておけば、それぞれの欲望に従って弱肉強食の世界（「人間は人間に対して狼」）が生まれ、結果として秩序ある世界が失われてしまう。これを避けるためには、物理的な暴力と圧倒的な権威を備えた「リヴァイアサン」を打ち立てることによって、契約と法による秩序を回復することができるはず、というのが、ホッブズの考えついた処方箋だった。

ただ、このホッブズの戦略から3世紀以上が経ち、リヴァイアサンはかつてほどの力と権威を持たなくなってしまった。それは極端な戦争や荒廃をないものにした平和がもたらした代償でもあった。それゆえ、テロや経済不況によって、新しいリヴァイアサンの誕生が待望されるのは偶然ではない。恐怖心からこの新たなリヴァイアサンにすがろうとする人々が、アメリカで、イギリスで、フランスで、あるいはロシアやトルコ、ハンガリーなどで出てきているのは当たり前のことなのだ。

しかし、人々の自由な発言や行動に待ったをかけ、萎縮させるような新たなリヴァイアサンの生誕は望ましいのだろうか。人間の安全と社会の秩序のために創造されたリヴァイアサンは、それが民主主義によって飼い馴らされるのでなければ——つまり一部の人々の所有物になってしまえば——、何時の日か人々に対してむしろ牙を剝くような可能性すらある。

新たなリヴァイアサンの登場を待ち望むのでないのだとすれば、民主主義にはどのような可能性があるのだろうか。それは、やはりホッブズがいったように、嫌悪を生む欲望である「恐怖」ではなく、未来を作ることを確信することのできる欲望たる「希望」に基づいた社会を目指すことだ。

語弊を恐れずにいえば、民主主義はフィクションに近い。自分たちのことを自分たちの手によって決めるということ、自分の政治への参加でもって世の中を変えることができるというのは、おそらく本当のことではない。それは人生全てが自分の思うままになるというのと同じ位に嘘であるだろう。しかし、そのような民主主義というフィクションを信じることができなければ、私たちは私たちの運命を、自分たちの手で自分以外の人たちとともに切り拓くという希望を手にすることもできないだろう。このフィクションを信じ、それを現実のものへと近づけるような思考と実践がなければ、ホッブズの描いた自然状態、すなわち弱肉強食の世界になっていくことは避けがたい。抱き続けることのできる希望は信頼へと変わっていく、とホッブズはいう。自分とは異なる存在を欲望することで、自らの欲望を実現していくこと――それこそが今、後退しているかにみえる民主主義への信頼を取り戻すために必要なことではないだろうか。

「民主主義とは自らを問うものなのです」――ガブリエルはそう指摘している。少なくとも民主主義を諦めるのではなく、それを問い続ける限り、民主主義はよりよいものとして私たちの前に立ち現われるはずなのだ。

――政治学者

BS1スペシャル「欲望の民主主義〜世界の景色が変わる時〜」

2017年4月23日　夜10時〜11時50分　NHK・BS1放送

【語り】　やくしまるえつこ
【声の出演】　青二プロダクション
【撮影】　成田伸二
【音声】　藤田秀成　諸井明彦
【映像技術】　岡本光雄
【CG制作】　森下征治
【編集】　宮田耕嗣
【音響効果】　佐藤新之介
【コーディネーター】　須藤久美
【リサーチャー】　佐伯弘美
【ディレクター】　守屋史
【制作統括】　稲毛重行　丸山俊一
【制作】　NHKエンタープライズ
【制作・著作】　NHK

【出演】
吉田徹（北海道大学教授　政治学者）
マルセル・ゴーシェ（仏　政治哲学者）
ジャン＝ピエール・ルゴフ（仏　社会学者／作家）
ドミニク・レニエ（仏　政治学者）
シンシア・フルーリー（仏　政治哲学者／哲学者／精神分析学者）
クリストフ・ギリュイ（仏　都市地理学者）
ダニエル・コーエン（仏　経済学者）
マルクス・ガブリエル（独　哲学者）
リチャード・J・サミュエルズ（米　政治学者）
ヤシャ・モンク（米　政治学者）
ジョナサン・ハイト（米　社会心理学者）　ほか　（順不同）

# 著者略歴

丸山俊一
まるやましゅんいち

一九六二年長野県生まれ。慶應義塾大学経済学部卒業後、NHK入局。
教養番組部ディレクターなどを経て、
現在NHKエンタープライズ番組開発エグゼクティブ・プロデューサー。
これまで「英語でしゃべらナイト」「爆笑問題のニッポンの教養」などの企画開発、
「欲望の資本主義」「新世代が解く！ ニッポンのジレンマ」
「人間ってナンだ？ 超AI入門」「地球タクシー」
「ニッポン戦後サブカルチャー史」他のプロデュースを手掛ける。
著書に『結論は出さなくていい』（光文社新書）、
『欲望の資本主義』（東洋経済新報社・共著）、
『すべての仕事は「肯定」から始まる』（大和書房）など。
早稲田大学、東京藝術大学では非常勤講師を務める。

幻冬舎新書 487

# 欲望の民主主義

## 分断を越える哲学

二〇一八年一月三十日 第一刷発行

著者 丸山俊一＋NHK「欲望の民主主義」制作班

発行人 見城徹
編集人 志儀保博
発行所 株式会社 幻冬舎
〒一五一―〇〇五一 東京都渋谷区千駄ヶ谷四―九―七
電話 〇三―五四一一―六二一一（編集）
〇三―五四一一―六二二二（営業）
振替 〇〇一二〇―八―七六七六四三
ブックデザイン 鈴木成一デザイン室
印刷・製本所 株式会社 光邦



Printed in Japan ISBN978-4-344-98488-2 C0295
ま-12-1
幻冬舎ホームページアドレス http://www.gentosha.co.jp/
＊この本に関するご意見・ご感想をメールでお寄せいただく場合は、comment@gentosha.co.jp まで。